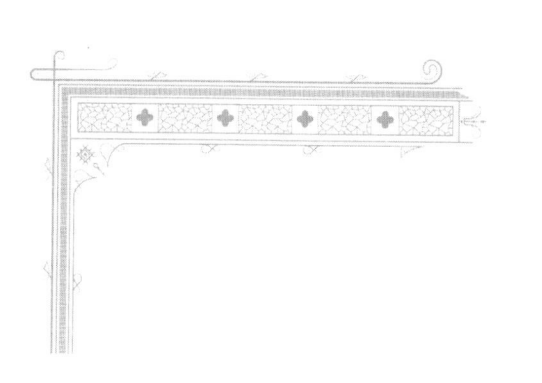

你的团队
离成功只差
一位合伙人

郭昭晖 /著

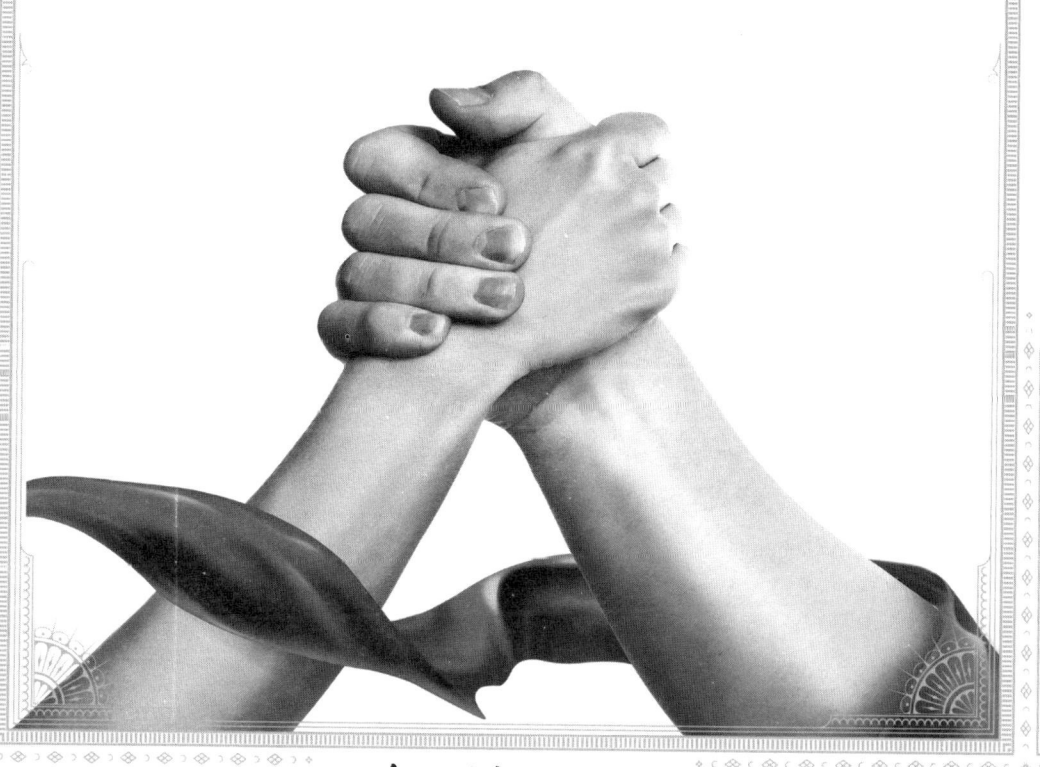

中国财富出版社

图书在版编目(CIP)数据

你的团队离成功只差一位合伙人 / 郭昭晖著.—北京：中国财富出版社，2016.6

ISBN 978-7-5047-6062-3

Ⅰ.①你… Ⅱ.①郭… Ⅲ.①企业管理 Ⅳ.①F270

中国版本图书馆CIP数据核字(2016)第035935号

策划编辑	张彩霞	责任编辑	张彩霞		
责任印制	方朋远	责任校对	梁 凡	责任发行	敬 东

出版发行	中国财富出版社		
社　　址	北京市丰台区南四环西路188号5区20楼　邮政编码　100070		
电　　话	010-52227568(发行部)	010-52227588转307(总编室)	
	010-68589540(读者服务部)	010-52227588转305(质检部)	
网　　址	http://www.cfpress.com.cn		
经　　销	新华书店		
印　　刷	北京柯蓝博泰印务有限公司		
书　　号	ISBN 978-7-5047-6062-3/F·2552		
开　　本	710mm×1000mm　1/16	版　次	2016年6月第1版
印　　张	14	印　次	2016年6月第1次印刷
字　　数	188千字	定　价	36.00元

版权所有·侵权必究·印装差错·负责调换

前言
PREFACE

世上没有"全能冠军",一个人的精力总是有限的,而激烈的商业竞争既残酷又充满诱惑。所以,与其一个人打拼,不如与一个可以互补的人结成合作关系,集中了不同的能力与资源,成功的机会就会大大增加。

寻找合作伙伴是一件非常考验眼光和能力的事,你的标准是否合适、判断是否准确、了解是否全面,将直接决定你们的合作能否顺利进行。

合作伙伴不会十全十美,你如此,他也一样。就算你千辛万苦找到了适合的合作伙伴,也不代表你们之间的合作关系能一直维持下去。虽然说合伙创业的合作伙伴都是以长期合作、持续发展、把企业做大做强为根本出发点的,但事情的发展往往不会按照人们的预期走下去,目标一致,不代表合作能够进行到最后,很多企业的合伙人能够共患难,却不能同富贵……

提到合伙人,人们自然就会联想到许多与合作相关的成语、谚语等,如齐心协力、集思广益、同心同德、同舟共济、众志成城、团结就是力量、众人拾柴火焰高……概括起来,合作,就是一种团结众人,依靠众人的智慧,发挥众人的力量,使之心往一处想,劲往一处使,并在相互间做好协调配合,从而把事情做得更快更好的方法。所以,人人都需要"合伙人"。

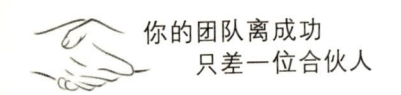

本书上半部分让人们了解和熟悉合伙创业、合伙经营造成困难的各种问题，消除很多合伙关系中存在的不明确性，把个人风格、价值观、期望和公平转化为具体的行动条款，帮助潜在合伙人更深入地相互了解、建立互信和默契，发挥每个人的优点。下半部分则提出并透析了"合作力"的概念，制订寻找潜在合作伙伴的标准，帮助你挑选优秀的合作伙伴，帮助人们更加坦率、更加真诚地彼此相待，将合作精神在团队中发扬光大。

目 录
CONTENTS

第一章 千金难买，寻找最佳合伙人 ……………………… 1

1. 相反性格的组合，才能创造奇迹 ……………………… 1
2. 选择合作伙伴的十个标准 ……………………… 4
3. 忠诚是合作的底线 ……………………… 6
4. 价值观是合作的前提 ……………………… 9
5. 亲密朋友未必是最佳合伙人 ……………………… 14
6. 朋友变合伙人，请注意角色转换 ……………………… 17
7. 避开经营理念与你不一致的人 ……………………… 20
8. 透过细节看合伙人的性格 ……………………… 22

第二章 合伙创业，必须要知道的"天规" ……………………… 25

1. 股份合作，股东尽可能少点 ……………………… 25
2. 亲兄弟明算账——订立规则，公正公平 ……………………… 28
3. 订立书面合伙协议，签署出资证明 ……………………… 32
4. 关注合伙事务的决定、执行、监督程序 ……………………… 34
5. 约定入伙、退伙、拆伙条件 ……………………… 36

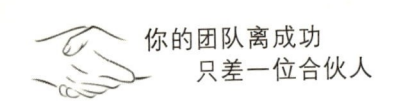

6.赋予指定的人经营管理权 ………………………………… 39

　　7.钱账分管，以法律形式确定利润分配 …………………… 41

　　8.各尽其能，分工合作 ……………………………………… 45

第三章　像经营婚姻一样经营合作关系 ………………………… 48

　　1.合作关系和婚姻的相似点 ………………………………… 48

　　2.企业合作伙伴类型 ………………………………………… 53

　　3.学会适当妥协，才能收获更有力的合作 ………………… 57

　　4.职责分明，荣辱与共 ……………………………………… 61

　　5.当面沟通，切忌背地议论 ………………………………… 64

　　6.学会换位思考 ……………………………………………… 67

　　7.千万不要和这些人合作 …………………………………… 69

　　8.合作最忌相互猜疑 ………………………………………… 79

第四章　化敌为友，与竞争对手合作共赢 ……………………… 82

　　1.同行不妒，万事都成 ……………………………………… 82

　　2.了解对手的核心竞争力 …………………………………… 85

　　3.判定竞争对手的目标 ……………………………………… 90

　　4.欣赏对手的品质与人格 …………………………………… 92

　　5.帮助对手也是一种智慧 …………………………………… 94

　　6.伸出你的手，去握对手的手 ……………………………… 97

　　7.对手就是另一角度上的帮手 ……………………………… 101

　　8.主动给自己设立一个"假想敌" ………………………… 103

　　9.不回避竞争，更呼唤合作 ………………………………… 106

第五章　高瞻远瞩，不要只顾眼前利益 ······ 111
　　1.愚者赚今天，智者赚明天 ······ 111
　　2.看似吃亏，实则受益 ······ 113
　　3.既要和气生财，也要当机立断 ······ 116
　　4.培养谦虚的合作精神 ······ 118
　　5.蛋糕做得越大，大家分得越多 ······ 120
　　6.互惠互利是合伙人相处的基础 ······ 123

第六章　留住员工，等于留住公司的金牌合伙人 ······ 127
　　1.有效的薪酬激励是管理核心 ······ 127
　　2.设置适当的目标，激发下属的内在动力 ······ 131
　　3.为员工提供公正公平的竞争舞台 ······ 134
　　4.权力下放，激发潜能 ······ 136
　　5.比物质更有效的精神激励 ······ 139
　　6.掌握留人的基本原则 ······ 142

第七章　群策群力，真正的成功来自合作 ······ 146
　　1.单打独斗，迟早要摔跟斗 ······ 146
　　2.团队的凝聚力比什么都重要 ······ 149
　　3.机遇的潜台词是朋友 ······ 151
　　4.联合"虾米"，吃掉"大鱼" ······ 154
　　5.帮别人攀登，自己也能登上去 ······ 156

第八章 借力合作不费力，求人帮忙不丢人 …………… 160
1. 借力——成功路上的滑翔机 ………………………… 160
2. 怎么借，找到支点是关键 …………………………… 164
3. 借智慧——集思广益，威力无比 …………………… 167
4. 借助朋友关系，成就一番事业 ……………………… 170
5. 放下所谓的"面子"，解决问题才是首要 …………… 173
6. 看菜吃饭，量体裁衣 ………………………………… 177
7. 保持适当的低姿态 …………………………………… 180
8. 让他人主动帮你忙的技巧 …………………………… 182

第九章 提升魅力，用专属优势吸引合伙人 …………… 190
1. 创造出自己的"不可替代性" ………………………… 190
2. 善于向别人传递你的"可利用价值" ………………… 192
3. 学无止境，努力提升自己的实力 …………………… 196
4. 热情可以最大限度地打动别人 ……………………… 198
5. 功劳归于他人，过错留给自己 ……………………… 202
6. 永远让对方感觉到他的重要性 ……………………… 205
7. 雪中送炭胜过锦上添花 ……………………………… 207
8. 感情维护，重在平时下功夫 ………………………… 210

第一章

千金难买，寻找最佳合伙人

1.相反性格的组合，才能创造奇迹

许多人不喜欢和与自己性格相反的人相处。其实，这是一个错误，职业要选择与自己性格相适应的，合作者则要选择与自己性格相反的人。

日本的北海道出产一种味道珍奇的鳗鱼，周围的渔民多以捕捞鳗鱼为生。鳗鱼的生命非常脆弱，只要一离开深海区，过不了半天就会死亡。奇怪的是，有一位老渔民天天出海捕捞鳗鱼，回港后，他的鳗鱼总是活蹦乱跳的。而其他人无论如何处置捕捞到的鳗鱼，回港后全都是死的。由于鲜活的鳗鱼价格要比死亡的鳗鱼高出几乎一倍以上，所以没几年工夫，老渔民一家便成了远近闻名的富翁。周围的渔民虽做着同样的营生，却一直只能维持简单的温饱。老渔民在临终时说出了保持鳗鱼鲜活的秘诀，就是在整舱的鳗鱼中放进几条狗鱼。鳗鱼与狗

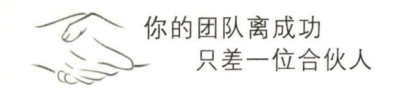

鱼是出了名的"对头"，几条势单力薄的狗鱼遇到成舱的对手，便会惊慌地在鳗鱼堆里四处乱窜，这样一来，反倒把满满一船舱死气沉沉的鳗鱼给激活了。

无独有偶，挪威人也遇到过类似的问题。挪威人在海上捕到沙丁鱼后，如果能让它们活着抵达港口，就能卖出高价。多年来只有一艘渔船能成功地带着活鱼回港，该船船长一直严守秘诀，直到他死后，人们打开他的鱼槽时，才发现鱼槽里只不过是多了一条鲇鱼而已。原来沙丁鱼不喜欢游动，当鲇鱼进入鱼槽后，原本懒洋洋的沙丁鱼就会因感到威胁而紧张起来，为避免被鲇鱼吃掉，它们会迅速游动起来，如此，沙丁鱼便能活着到港口了。

这个故事告诉我们：相反性格的组合往往能创造奇迹。因此，性格急的人应选择性格稳的人搭配，忧郁的应选择乐观的，粗心的主管一定要选择一个细心的助手……一个人的缺点和特长往往是相对而存在的，有高峰必有深谷，缺点越突出，特长往往越明显。只有使他们相互制约短处，发挥长处，才能真正发挥出合作的力量。

一家杂志的调查结果显示，那些由个性很强的人组成的团队，失败的比率占了95%。这种现象被人戏称为"阿波罗现象"。

阿波罗是古希腊神话中的太阳神，他性格刚强，思维敏捷，十分聪明。"阿波罗现象"意为由性格如阿波罗一般的人组成的团队。这些人最大的特点就是有主见，自我感觉比别人优越。但也因为大家都太有主见了，每个人都想当主角，都想自己说了算，没有人愿意放下架子去配合别人，所以，虽然个体都很杰出，但这种团队组合却不堪一击。

曾有机构在硅谷做过一次小型调查，结果发现一流的公司在老板与员工之间、上司与下属之间，乃至公司的合伙人之间大都存在着性格、能力、学历、知识结构等方面的互补情况。这就像是转动的齿轮，只有凸凹相配才能咬合得紧密，否则，两个凸轮就会彼此撞伤，而两个凹轮则会因没有契合点而无法相容。

有这样三个人，他们都很坚韧刚强，精明强干，有领导欲，三人分别担任一家高新技术公司的董事长、总经理和常务副总经理。在一般人看来，有如此有能力的领导者，这家公司的业务成绩一定十分出色，但事实却恰恰相反，这家公司连年亏损，毫无盈利能力。之所以会出现这种情况，主要原因在于由这三人组成的决策团体难以协调配合。三人性格相近，都属个性张扬、咄咄逼人、猖狂傲慢的人，都善于决断，谁都想说了算，但又都说了不算，最后什么事也没干成。

这家公司隶属于某一大型企业集团，总部发现这一情况后，马上召开紧急会议，决定将这家公司的总经理调到别的子公司去。之后，在董事长和常务副总经理的齐心努力下，竟然发挥出了公司的最大生产力，在短期内使生产和销售总额达到了原来的两倍，不但把几年来的亏损弥补了回来，还连连创造出了高利润。

而那位被调到别处的总经理，自上任以来，充分发挥出了自己的性格优势，表现出了卓越的经营才能，也创造出了不俗的业绩。

这的确是一个颇值得研究的案例，其中的关键或奥秘就在于人才的性格搭配和协调上。

聪明的老板会不断鼓励不同性格、不同背景的员工协同共事，鼓励他们进行开放式的交流和沟通，并有意将那些具有不同性格和学科背景的人混杂在一起，目的是为了激发个体差异的存在。比如说，在一群喋喋不休的人中间混入一些不善言辞的人；在一个死气沉沉、没有效率、没有活力的部门中，选派一个性格活泼开朗、富有感染力、具有强烈进攻性和好胜心的主管。

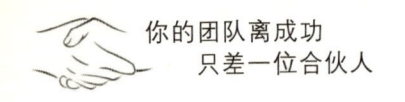

2.选择合作伙伴的十个标准

寻找合作伙伴是一件非常考验眼光和能力的事，你的标准是否合适、判断是否准确、了解是否全面，将直接决定你们之间的合作能否顺利进行。

下面整理了十个标准，可以帮你迅速断定对方是否适合当你的合作伙伴。

(1) 你是否了解自己

在寻找他人之前，你首先要了解自己：你的个性如何，你的喜好是什么，你的严责和底线是什么，你擅长什么、能力如何，是否有协调性，你的优势是什么、劣势是什么……如果你不能对自己做出一个全面准确的判断，那你就很难知道自己究竟需要什么样的合作伙伴。

(2) 双方目标是否一致

合作的关键在于双方的目标是否一致，目标一致，即便是竞争对手，也能成为你的合作伙伴。这个目标既可以是短期的小目标，也可以是长期的大目标。只要目标一致，预计的结果能够让双方有所收益，你们就有合作的可能。

(3) 对方能力如何

除了要准确地估计自己的能力，还要全面地调查合作者的现状和能力。如果双方的实力旗鼓相当，通常能产生不错的合作结果。考察对方能力的时候，既要看到对方过往的成绩，也要看到他现在的状况以及未来的发展潜力。不要单凭对方的一面之词就草率地决定合作，事前考虑好过事后懊悔。

（4）你能否与对方沟通

即使你们的能力相当，你也要弄清你们是否容易沟通，是否会出现鸡同鸭讲的情况。如果你们不能准确快速地理解对方的意图，对目标的具体理解存在很大差异，那么，在事情的执行过程中，很可能因为沟通不当造成合作破裂。因为沟通不当造成的失败没有任何意义，所以，在事前确定双方是否能够很好地沟通至关重要。如果双方没有沟通的意愿，都喜欢自行其是，无法做到步伐统一，这样的合作不要也罢。

（5）是否有根本利益冲突

目标一致，不代表合作能够进行到最后。如果双方有根本性冲突，合作早晚会破裂。所以，如果你与对方有根本性冲突，最好考虑选择其他合作者；如果必须与其合作，就要小心行事，步步观察。

（6）对方的人品如何

合作者的人品是你必须慎重考虑的因素，他是否讲原则、重承诺、守信用，是保证你们顺利合作的前提。此外，最重要的一点是合作者的责任感，他是否能够与你一起承担事业的风险。在困难的时候，有责任感的人不会弃你于不顾，和一个有责任感的人共事，等于给这份合作上了保险，即使失败，也不是由你一个人承担。

（7）双方是否有互补的一面

合作是一个取长补短的过程，如果你们之间有互补的一面，充分发挥自己的优势，就能实现最佳的资源配置，达到"1+1>2"的效果。如果能在合作的过程中学到对方的优点，对于自己的发展也有不可估量的益处。

（8）能否产生默契

合作双方要有默契，没有默契会造成合作状况的紊乱，甚至造成不必要的误会。默契建立在信任的基础之上，如果不能相互信任，就无

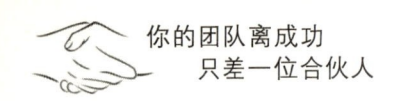

法产生默契。所以，考察对方是否值得你信任，是判断你们之间能否产生默契的第一步。有了信任，再加上良好的沟通，默契自然水到渠成。

(9) 对方是否有包容心

合作中难免会出现错误，你必须了解，当你出现错误的时候，对方是否能够包容你。那些能够原谅你的小错误，以大目标为前提继续合作的人，是你的首选合作对象。但是，如果一个人表示，他能够原谅你出现战略性、原则性错误，那你千万不要与他合作。合作的目的在于互助与互相监督，如果他能够原谅你的战略性、原则性错误，就代表他并不重视这次合作，也代表你必须原谅他的这一类错误，这样的合作不利于成果的产生。所以，合作伙伴要有包容心，但不能一味包容。

(10) 是否能接受彼此的缺点

合作伙伴不会十全十美，你如此，他也一样。你们有相同的目标、互补的能力，还有一个很关键却也很容易被忽视的问题：你们愿不愿意接受彼此的缺点。接受彼此的缺点就是接受对方身上你无法赞同的部分，你愿意为这份合作做出让步或妥协，以保证结果的顺利。如果无法接受对方的缺点，合作过程势必会有摩擦，很可能导致合作的破裂。

3.忠诚是合作的底线

忠诚一向是企业家眼中员工应具备的最大的美德。每个企业的发展和壮大都是靠员工的忠诚来维持的，如果所有的员工对公司都不忠诚，那这个公司的结局就是破产,那些不忠诚的员工也自然会失业。因为只有所有的员工都对企业忠诚,才能发挥出团队力量,才能拧成一股绳,劲往一处使,推动企业走向成功。同样,一个员工,也只有具备了忠诚的品质,他才能取得事业的成功。

有个成语叫"南辕北辙",意思是说,目的地在南方,但驾车的方向却对准北方,结果跑得越快,离目标越远。很多小老板以善于投机取巧为能事,以过河拆桥、善攀高枝为荣耀,这样做无异于南辕北辙。

曹操率兵攻打小沛,关羽被困土山,不知刘备、张飞下落,约三日之后投降曹操。曹操爱其才,三日小宴,五日大宴,又送美女、珍宝。曹操赐他的锦袍,他穿于内,而把刘备所赐的旧袍穿于外,以示不忘兄长。对此,曹操不但不恼,反而对他更加喜爱。曹操赐关羽赤兔马,关羽表示谢意时说:"吾知此马日行千里,今幸得之,若知兄长下落,可一日见矣。"当关羽千里走单骑,过五关斩六将,与刘备、张飞团聚时,他的忠诚不仅赢得了刘备的高度信任,也使他的对手更加钦佩他的为人。

某厂经理、法人代表蔡某,利用职务之便,采取欺骗手段,在海城市工商局将陈某、蔡某共同所有的某厂变为他个人所有的个体工商户,蔡某涉嫌职务侵占38万元。经有关部门立案侦查后移送检察院,检察院起诉书认定:蔡某身为海城市某厂的法定代表人,于2006年1月利用职务之便,指使他人伪造了该厂的清算报告、职工代表大会决议、转制协议等书面材料,骗取了海城市海州管理区的批复文件后,将集体性质的海城市海州管理区某厂在海城市工商行政管理局注销,并以自己是经营者的名义办理了个体工商户营业执照,将本厂的砖窑、电工房、仓库、宿舍、机器设备等固定资产和该厂的62000平方米的国有土

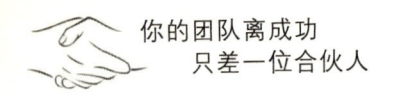

地使用权占为己有，被其侵占的财产总价值为5437656元人民币。检察院认为，蔡某的行为触犯了《刑法》第二百七十一条，应该以职务侵占罪处罚。

本来是生意合伙人，最终却反目成仇，这种例子并不少见，这也凸显了忠诚的可贵。

李琳长相并不出众，学历也不高，最初在一家房地产公司做电脑打字员。她的打字室与老板的办公室只隔着一块大玻璃，只要她愿意，可以将老板的举动看得清清楚楚，但她很少向那边多看一眼。李琳每天都有打不完的材料，她知道工作认真刻苦是她唯一可以和别人一争短长的资本。她处处为公司打算，打印纸不舍得浪费一张，如果不是要紧的文件，她会把一张打印纸两面用。

一年后，公司资金运转困难，员工工资开始告急，其他人纷纷跳槽，最后，总经理办公室的工作人员就剩她一个了。人少了，李琳的工作量加重了很多，除了打字，还要做些接听电话、为老板整理文件的杂活儿。有一天，李琳走进老板的办公室，直截了当地问老板："您认为您的公司已经垮了吗？"

老板很惊讶，说："没有！"

"既然没有，您就不应该这样消沉。现在的情况确实不好，可很多公司都面临着同样的问题，并非只是我们一家。我们不是还有一个大项目吗？只要好好做，这个项目就可以成为公司重整旗鼓的开始。"说完，她拿出了那个项目的策划文案。隔了几天，李琳被派去做那个项目。两个月后，那片位置不算好的房产项目全部先期售出，李琳为公司拿到了上千万元的支票，公司终于有了起色。

4年后，李琳成为了公司的副总经理，帮着老板做了好几个大项目。

又过了4年，公司改成股份制，老板成了董事长，李琳则成了新公司第一任总经理。

在总结自己的职业生涯时，李琳说："我不聪明，也不出众，却和公司一起赢了，许多职场高手问我是如何成功的，我说一要用心，二没私心。"

很多人一面在为公司工作，一面则在心里打着个人的小算盘，如此三心二意，怎么能让公司赢利呢？世上有些道理本是相通的，比如，夫妻双方应该彼此忠诚，公司和员工也应该彼此忠诚。只有这样，家庭才能和顺，公司才能发达。

从李琳的身上，我们看到了忠诚的魅力，它是一个员工的优势和资本，能赢得老板的信任。如果你拥有忠诚的美德，总有一天，它会成为你巨大的财富。相反，如果你失去了忠诚，那你就失去了做人的原则，失去了成功的机会。

4.价值观是合作的前提

合作伙伴选择适当与否直接关系到企业合作经营战略目标的实现。所以，花时间了解对方的核心价值观，是选择合作伙伴的基本原则之一。

清朝末年，八旗士兵被外国侵略者和太平军打得失去了战斗力。为了镇压太平天国运动，朝廷让曾国藩自己招兵买马，组建军队。曾国

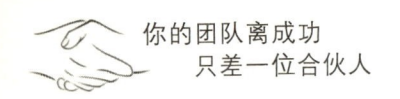

藩很快就组建起了一支军队，这支军队就是湘军。湘军的战斗力很强，在镇压太平天国运动的战斗中立下了无数战功。

湘军之所以如此骁勇，还要从军队士兵的来源说起。曾国藩心里清楚，一支军队战斗力的高低和士兵的素质直接相关，所以，参军的人一定要有能力。但光有能力也不行，还要考虑其他因素，比如有没有决心，能不能吃苦，是不是够忠心等。

曾国藩思虑了很长时间，能够满足所有要求的只有一个地方的人，那就是他的老家湖南的人。由此，他依靠师徒、亲戚、好友等复杂的人际关系，建立了一支地方团练，这就是后来的湘军。曾国藩清楚，不是所有人都会和自己一条心，最可靠的人就是身边有着伦理道德关系的人。

除此之外，他招收士兵很有自己的见解。他的湘军士兵，大部分都是黑脚杆的农民，这些朴实的农民既能吃苦耐劳，又很忠勇，一上战场，则父死子代、兄亡弟继，义无反顾。因此，他在选人时，年轻力壮、朴实而有农夫气者为上；油头滑面而有市井气者、衙门气者，概不收用。他还总结出了一套识人的规律：山僻之民多悍，水乡之民多浮滑，城市多浮情之习，乡村多朴拙之夫。

曾国藩明白，能够和自己共同战斗的人只是少数，而这少数就是农民以及自己的同乡，大家的性命、前途绑在一起，共同做事情才更安全可靠。

在海上，风急浪高，一不小心就会搭上性命，所以出海之前，船长总会慎重地选择船员，这样才能将风险降到最低。

我们的生活也是一样，虽然没有大浪，却有诸多看不到的暗礁，在这种情况下，选择同伴就显得非常重要。

第一章
千金难买，寻找最佳合伙人

东汉末年，华歆和管宁原是一对好朋友。有一天，两人在一起锄地。忽然，管宁挖出了一块金子，却对之视而不见；而华歆看见后，就急忙拾了起来，据为己有。又有一天，两人在一起席地而坐读书。管宁全神贯注地读着，两耳不闻窗外事；而华歆则心不在焉，左顾右盼，抓耳挠腮。此时，刚好有一官吏乘着华丽的马车从门前经过，管宁不为所动，仍在读书；华歆却随手扔下书本，前去看热闹。等到华歆看完热闹回来时，发现本来一张好好的席子被从中割断了，管宁对华歆说："你不是我的朋友，我们还是分开坐吧。"

这就是"割席而坐"的来历。通过这两件事，管宁看出华歆与自己完全不同，于是割席而坐，毅然与之断交。

管宁和华歆的故事并不是高洁的人与庸俗的人的故事。这里面不涉及什么大道理，更不能上升到人品的优劣。只不过，如果两个志向不同、趣味不同的人在一起，那么，不论两个人做出什么决定，都难免会受到对方的干扰，想坚持自己的信仰就会变得很难。

人与人的主张和追求不同，是很难在一起合作的。俗话说，人生得一知己足矣。知己就是志同道合者，只有用共同的价值观把彼此联结在一起，双方的关系才会长久牢靠。

魏永杰毕业后在一家咨询公司工作了几年，有了一些积蓄，但不知道如何投资。正在他踌躇之际，同样有着创业梦想的朋友肖然提议，两人合伙开一家花店，魏永杰顿时来了兴致。原来，魏永杰脑子比较简单，不懂得怎么去炒股、买基金，唯独很喜欢花花草草，于是两人一拍即合。

建立在志同道合基础上的合作进展得很顺利，魏永杰和肖然很快就在市中心租了一家十多平方米的空闲店铺。两人合伙，分别注资3万多

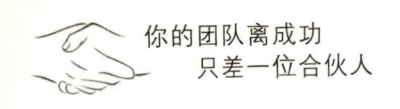

元，花店就这样办起来了。

魏永杰的花店主要出售各种时尚花种，像水培花、水晶花、玫瑰花，还有鲜切花、干花、绢花等。一盆水培花，原料成本10~30元，加上工资、水电、交通费、杂费等经营成本10元左右，但售价可以在100元以上。生意好的时候，每天可以卖出将近20盆。

因为魏永杰和肖然都是喜欢花艺的人，所以他们平时总喜欢研究，在他们对市场做了一系列调查之后，他们扩大了花店的业务：除了卖花，魏永杰还专门请了懂护理技术的师傅，兼营花卉护理业务，包括嫁接剪枝、除虫施肥、移盆换土以及接受咨询等。如果顾客要求，还可以提供定时上门服务、租摆。花卉护理是技术活，收费虽不贵，但由于付出的成本极有限，如购置剪刀、喷药器、除虫药、花肥、铲子等，费用也就五六百元，所以收益还是相当可观的。生意不错的时候，只这项服务每月就可赢利三四千元。

之所以说志同道合是成功合作的基础，是因为共同的兴趣、共同的愿望能减少合作双方在合作以外的摩擦，使双方能全心全意地朝着同一个目标奋进。

合作竞争战略是一个风险性较高的竞争战略，这一战略在实施过程中，任何一个环节的疏忽都可能使伙伴关系出现危机。一旦伙伴关系发生危机，企业失败的可能性就会极大，由此而带来的损失是无法估量的，除了人力、物力、时间等的浪费，更重要的是机会的丧失，这对企业来说可能是致命的。

因此，有没有共同的价值观、有没有创造利益的潜力以及有没有有利的合作环境等，将成为选择合作伙伴时的重要原则。

慎选合作伙伴是合作竞争战略实施过程中有效降低风险的最基本的方法。那么，哪些是选择合作伙伴时应重点考虑的核心价值观呢？

（1）双赢是否有共识

也就是合作双方对合作竞争的目的是否有共同的认识。双赢的价值观可以说是首要的核心价值观，因为如果对方并不信奉双赢模式，而持非赢即输的观点，那么，合作关系如何建立？

（2）合作伙伴之间是否存在某些特殊的价值观

对于自己或合作企业存在的特殊的价值观，必须要慎重地对待，在建立伙伴关系之前就应有深入的了解和认识。比如，有的企业极其重视环境保护，甚至高出政府的环保标准；有的企业特别注重其行为的合法性，不屑于打政策、法规的"擦边球"等。若是双方都能够接受的、相容的特殊价值观，将不会成为合作的障碍；而若双方持有不能相容的特殊价值观，则不应尝试去建立合作关系。

（3）对产品或服务品质的看法是合作企业能否顺利合作的关键

追求低成本战略的企业对品质的认识，肯定不同于不惜高成本使产品达到尽善尽美的企业对品质的认识，这样的两家企业若要结成伙伴关系，他们在产品或服务品质上的不同看法将不可避免地导致合作失败。

合作企业享有趋同的价值观是促成合作伙伴关系的一个重要因素。如果两个企业对所重视的价值判断有重大差异，其结果可想而知——合作竞争战略的目标是难以实现的。而价值观接近的企业则能促使合作双方为了共同的利益而贡献自己的一份力量。

但是，合作环境的变数太大，仅仅关心对方的核心价值观是完全不够的，我们还要关心有可能影响合作的各种因素，才能在复杂多变的竞争环境中立于不败之地。

（1）合作伙伴的未来前景是双方讨论的重点内容

合作企业的视野必须能够延伸到未来，双方必须对合作的远景有所规划，对双方各自希望达到的目标以及彼此所作的贡献胸有成竹。合

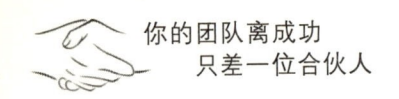

作企业是否能着眼于未来，是企业在选择合作伙伴时需要考虑的一个重要的合作环境。

(2) 对待合作伙伴的态度

只有能够诚心诚意地看待伙伴关系，愿意在合作的基础上互利、互补、共图大业，而不是试图控制对方以攫取更多利益的合作伙伴，才是值得与之合作的。

(3) 商业来往频繁

商业来往频繁的合作企业建立伙伴关系时，其成功的可能性要大得多，因为一两次的生意往来是很难建立起长期关系的，双方必须要有较多的机会来展示工作成效，展示为彼此创造的价值。

企业在选择合作伙伴时应首先考虑与之结成伙伴关系后能否创造真正的价值，并且是在传统的交易关系和简单的合作关系中无法实现的利益。这也是我们首先考虑对方核心价值观的意义所在。

5.亲密朋友未必是最佳合伙人

如果你想开创一番事业，而你身边的好朋友正好也有相同的想法，这时，你们是否会一拍即合呢？

好朋友的诱惑在于朋友之间的那种心心相通，在于"有福同享，有难同当"，在于"两肋插刀"的气魄。有这么多诱人的因素摆在面前，仿佛只要有了好朋友，一切问题就解决了。好朋友可能是同学、战友、发小，互相之间没有利害冲突，可以随心所欲地说东道西，聊天喝酒。更难得的是，好朋友彼此知根知底，没有面对陌生人的种种不便。

第一章 千金难买，寻找最佳合伙人

正因为如此，一般人在创业或者开拓自己的事业时，总是想找好朋友一起做。按理说，当你和好朋友走到一起，为了共同的事业一起努力，这是一桩好事，但这里面有一个谁领导谁的问题。兄弟之间还可以有一个大哥，但好朋友之间就难分彼此了，平时觉得意气相投，直来直去惯了，可工作不能这样，总得有个人说话更有分量一些。如果总是一个人一个想法，一个人一套思路，日久天长，就会产生摩擦，产生隔阂，最后好说好散还好，就怕弄得钱没赚到，反倒丢了朋友。

合作创业时，用私人感情来选择合伙人是不明智的。或者说，亲密的朋友不一定是最佳合伙人，还请大家三思而行。

王若雪把自己的丈夫介绍给老同学董青认识，之后，两人的关系一直不错，董青夫妇和自己也是多年的密友。前些年，王若雪的丈夫开始和董青合作做生意，两人从选位置一步步做起来，现在，王若雪的丈夫经营H地段的一个店铺，董青经营J地段的一个店铺，H地段和J地段有一个小时的路程。

前些天，王若雪和董青夫妇开车去外地跑生意上的事，路上跑了4个小时。因为路上寂寞，平时很难聚到一起，所以他们一路上都在不停地聊天。

因为好久不见，大家又都做一个行业，所以少不了聊生意上的事情，交流和沟通生意经。不知道哪个话题，就说到了王若雪的丈夫身上。

王若雪的丈夫和董青合伙的店铺现在做得很成功，每个店铺只有十几平方米，H地段每个月能有1万元的净收入，J地段一个月能有2万元的净收入。王若雪的丈夫喜欢喝酒钓鱼，这些年做生意，经常在外应酬，交了一堆朋友。今年就经常被董青的爱人发现他去海边玩，或去钓鱼，或去喝酒，嘴里没有一句真话，店里的事情什么都不管，全部

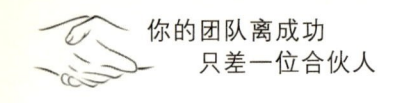

交给了别人。

在车上，董青的爱人直言不讳地向王若雪提出了散伙，这是他一直主张的，他认为，如果继续合伙，就要为王若雪的丈夫操很多心。

董青一听就表示反对，两个人在车上闹得很僵。为了散伙的事情，董青的爱人说王若雪的丈夫没有生意头脑，即使给他几十万元，也会让他赔光。

听着多年的好朋友和她爱人为自己的丈夫争吵，王若雪脸上红一阵白一阵，不知如何是好。她知道董青在J地段的店铺比H地段的店铺忙碌很多，辛苦很多。而随着生活质量的提高，自己的丈夫又越来越会享受。对此，董青夫妇心里肯定不平衡，毕竟这是合伙生意。

王若雪在心中暗自苦恼：这就是与亲密的朋友合伙创业成功后的后遗症吧。

在生意中讲感情是非常要不得的，所以有人采取很分明的态度，谈生意决不讲感情，交朋友决不谈生意，两者分得清清楚楚。这是非常明智的做法，既保证了生意的正常进行，也不会因生意而伤害了友情。

做生意，最重要的就是要开拓自己的市场，而要开拓市场，就要多结识一些生意上的朋友。从某种意义上说，市场就是一种人际关系。如果你没有几个生意上的朋友，可以说寸步难行。

但交朋友的目的不是为了生意，不能本末倒置。与亲密的朋友一起合伙做生意，很容易公私不分，引发合作之后的矛盾。那时，不仅生意失败，连好朋友也做不成了。所谓"生意场上无父子"，"亲兄弟，明算账"，说的就是这个道理。

总而言之，在生意场上，江湖义气、感情用事的事是不能做的，把朋友和合作伙伴搅在一起，最后的结果往往是砸了生意，也坏了友情。

6.朋友变合伙人，请注意角色转换

一个好演员，应该善于扮演各种不同的角色。其实，人的一生也是在不同的角色变换过程中度过的。只有无数次正确的角色转换，才能使人更加丰富多彩。

当然，有些转换很自然，人们可以很好地适应；而有些转换，尽管无论怎样也适应不了，但还是得接受。儿子变成父亲、孙子变成爷爷是一个漫长的角色转换，这样的转换很好适应；而有的角色转换只是一夜之间或者是一瞬间的事情，这样的转换就让人难以适应。比如，一个人，昨天还是在股市拥有价值数百万元股票的富翁，今天就因股市崩盘而倾家荡产；昨天还是管理几十名员工的部门主管，今天就被炒了鱿鱼，等等。

同样，在我们每个人的人脉关系中，也经常会碰到像朋友变成合伙人的情况。在这种情况下，势必要很好地把握转变角色这一事实，否则会带来很多不必要的麻烦。

合伙创业，失败者多而成功者少。很多人对合伙创业的看法，一般都比较悲观，甚至觉得"合伙即散伙"。但毕竟不是所有的合伙创业者最后都会以分手告终，还是有成功案例的。而且，仔细观察你会发现，创业企业一旦克服了"散伙怪圈"，就会变得异常坚不可摧。如果合伙创业者们能够秉持"求同存异"的战略方针，事事不过于计较，相互宽容信赖，企业一定能够走得更远。

国内某知名的咨询顾问公司最近解散了。这家顾问公司曾经是国内

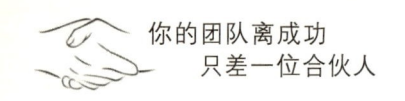

管理顾问方面最成功的咨询公司之一，公司的4位合伙人在业界也拥有一定的影响力。当初，4位合伙人在组建这家公司时按照每人25%的股份平均分配，每人负责一块业务。由于这4位创始合伙人每人都在各自领域具有较强的业务能力，该公司在创业初期一帆风顺，很快就发展成为业内知名的管理咨询公司。

然而，随着业务的发展，公司的4块业务出现了发展的不平衡，其中两块业务占据了公司经营额的80%。很快，4个合伙人之间就出现了矛盾，但当初约定的25%的股份却难以改变，在矛盾难以调和的情况下，该公司解散，4位合伙人各奔东西。

俗话说，买卖不成仁义在，这就是做生意的基本原则。就算最后分道扬镳，也不要朋友变仇人。亲戚、朋友、兄弟等合伙创业，往往有亲情、友情混杂在企业制度中，公司一天天发展壮大，如果制度不明朗，以后出现问题就会变得很麻烦。如果创业团队里，人人都只打自己的如意算盘，为个人利益争执不休，企业就很难正常运转下去。所以，前期对每位合伙人的权责进行详细陈述和约定十分有必要，千万不要碍于面子，马虎了事。

为了合作更加愉快和长久，为了远大目标的顺利实现，你需要跟合伙人事先明确以下几点：

（1）合作的原因

当事业的发展让创业者不得不选择合作者的时候，你当然要选择合作。因为合作可以使项目获得更好的发展，合作可以使双方实现资源共享、优势互补，合作可以使自己变得更强大。

（2）合作双方的目的和目标

但凡商业合作，都需要有共同的方向和目标。只有合作双方或多方之间具有共同的创业目标，才能走到一起。目标的正确与否将直接关系到合作的成败，同时也是能否找到合作伙伴的关键。在选择合作伙伴的时候，需要明确合作伙伴有什么样的合作资源，这种资源就是你选择和他合作的目的。有了清楚的合作目的和共同目标，合作关系才能成立。

(3) 合作伙伴的职责

合作开始后，要明确合作伙伴各自的职责，职责分工不能模糊，最好拿出书面的职责规定，因为是长期的合作，明晰责任非常重要，这样可以在后期的经营中不至于互相扯皮，反目成仇。

(4) 各自的投入比例与利润分配

双方一旦确定合作，就必然要量化合作投入的比例，这是根据各自的合作资源作价而产生的。因为投入比例和分配利益成正比的关系，所以也要以书面形式确定清楚。当然，根据经营情况的变化，投入也要变化。在开始的时候就要分析清楚后期的资金或者资源的再投入情况，如果一方没有再投资的实力，那另一方的投入会转换成相应的投资占股，来分配投入产出的利益。

(5) 完善退出机制

合作的时候也要想到"散伙"，因为可能由于各种原因导致合作无法进行，其中的一方会选择退出。因此，事先要明确退出时的投入比与退出比的量，以及怎样补偿、由谁承接。这些要提前书面规定，写到合同里，避免以后发生纠纷。不要意气用事，不要认为"大家都是朋友，不必斤斤计较"，合理的退出机制是合作的很重要的组成部分。

(6) 预防合作摩擦

合作双方难免会在后期的经营和利润分配方面发生矛盾，所以，双方在合作之初就应该合理地安排分工及职责，明确各自的责任，保持一个良好的经营合作氛围，预防摩擦的发生。一旦出现了摩擦，要用

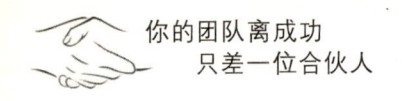

积极的态度来解决摩擦，以求公平合理地考虑双方的利益。

(7) 签订商业契约

很多小企业在合作之初，往往不会对一些合作细节进行明确规定，这样的做法是不正确的。一旦出现问题，没有一个根本的办法去解决，合作双方就很容易互相攻击、各自抱怨。正确的做法是，无论合作方是谁，即使是朋友或亲人，也应该建立在商业契约的基础上，用商业契约的解决方法去解决合作纠纷，避免留下后遗症。因此，一切的合作细节都要提前规定、提前明晰，只有一切合同化，才能创造一个良好的合作平台。

7.避开经营理念与你不一致的人

合伙人之间最重要的就是要有相同的经营理念，这是确立合作方向的基础。所以，无论如何，不能与在理念上有着南辕北辙般差异的人合作。

空中网董事长兼CEO（首席执行官）周云帆认为，自己之所以能与斯坦福的同学杨宁在空中网一起合作创业，是基于两人相似的经营理念。在总结经验时，周云帆说："很多创业的合伙人因为经营理念的分歧，最后都崩溃了。选择合伙人，共同的经营理念比谁是CEO更重要。比如杨宁在澳大利亚的CEO论坛说几句话，我就会很高兴，因为他不是代表他自己一个人的经营理念，而是代表我们大家的。"

第一章
千金难买，寻找最佳合伙人

选择合伙人时，首先要考虑的是目标是否一致、兴趣是否接近、利益是否一致、能不能风雨同舟，以及能不能在指定的方向帮上一点忙。只要他能够帮着你朝指定的方向用力，能够与你一起奋斗、一起进取，不会给你捣蛋使反力，那他就是一个拥有与你相同经营理念的合伙人。但假如他总是时不时地要给你弄出点事来，搞得你心烦意乱，动不动就会连累你，甚至还会防不胜防地踢你一脚，那他就是一个会损伤团队整体性力量的不合格的合伙人。与你经营理念不同的合伙人就像是与你反方向的一个数字，他的绝对值越大，你的损耗就越大；他越有本事，你为了防备他和协调他而付出的代价就越大。

2005年，刘芳菲刚从师范大学毕业，满怀着理想与抱负，可家人早已给她安排好了合适的工作，是在一所中专当老师。在别人看来，这份工作体面又清闲，看着周围的同学都为就业发愁，刘芳菲也就放下了自己的理想与抱负，安心地在学校当起了教书匠。

而与刘芳菲一起玩大的小姐妹杜雪影却与刘芳菲走上了不同的人生道路，没考上大学的杜雪影在高中毕业后就做起了服装销售。由于杜雪影一直做服装销售，对销售的流程非常熟悉，干了几年后，就想自己开一家店，可一直苦于没有资金。

一次闲聊中，杜雪影透露了自己的想法。言者无意，听者有心，每天生活三点一线的刘芳菲早就对自己枯燥的工作感到厌烦了，一听好朋友有这样的想法，自己曾经的梦想又全都蹦出来了。出于对朋友的信任，对服装销售完全没有概念的刘芳菲辞去了工作，和杜雪影一起开了一家服装店。

在服装店正式开业的第一年，刘芳菲和杜雪影在经营上发挥各自的长处，刘芳菲负责店内的事务及服装零售，杜雪影负责服装的进货及

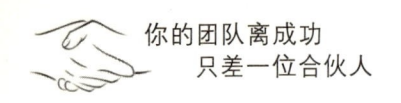

批发。由于两个人都对工作特别投入，再加之相互信任，有事商量着来，所以生意越做越红火。

但是，由于经营理念的差异，在看到成绩后，杜雪影急于分利，而想要扩大经营的刘芳菲则希望把利润进行再投资，两人为了这件事产生了矛盾，逐渐演变成发生口角。最终，矛盾激化的两人不得不选择散伙，本来有声有色的生意戛然而止。

在拔河比赛的时候，只有当同一团队中的所有成员都步伐一致地朝着同一方向用力时，整个团队所产生的合力才会大大地超过单独一个人拉时所产生的力量。如果其中某些人根本不朝着指定的方向拉，只是空站在一边根本不帮忙，甚至干脆朝着反方向给你帮倒忙，那么，团队的整体力量不仅不会随着这些人的加入而提升，还会大大下降。所以，经营理念是否一致，对于合作的开展至关重要。

8.透过细节看合伙人的性格

想知道更多关于合作伙伴的性格因素，以确定他是不是自己要找的适合的合伙人，最好的办法就是从细节入手，对其展开观察和分析，因为细节往往是最不会骗人又最能暴露一个人内心的环节。

(1) 遇到挫折懂得自我调节的人

这种人志向远大，是理想的合作伙伴。21世纪，最大的危机是没有危机感，最大的陷阱是容易自我满足。他们的优点在于会用望远镜看世界，而不是用近视眼看世界。能在顺境时想着为自己找个退路，在逆境时懂得为自己找出路。

（2）失败后善于总结经验的人

这种人学习能力强，懂得从细节和人的身上学习和感悟，并且懂得举一反三。大海之所以成为大海，是因为它比所有的河流都低。学历代表过去，学习力掌握将来，只有这种谦虚、善于学习的人才能取得最后的成功。

（3）下决定后积极行动的人

这种人勇于实践，他们相信只有行动才会有结果；行动不一样，结果就不一样；知道不去做，等于不知道；做了没有结果，等于没有做；不犯错误，也是一种错，因为不犯错误的人一定没有尝试；错了不要紧，一定要善于总结，然后再做，一直到有正确的结果出来为止。

与这种人合作，你也会受其感染而变得勇敢、果断。所以，如果你是个优柔寡断的人，那这种合作伙伴就是你的不二选择。

（4）出手大方的人

如果你想找一个为你投资的合伙人，这种人就是最佳人选。他们不吝啬金钱，舍得付出，他们的豪爽之气会对你的企业有很大的帮助。但是，同时你也要表现大度，要知道，斤斤计较的人，一生只得"两斤"。没有点奉献精神，是无法创业成功的。

这种人也是最讨厌小肚鸡肠的人的，所以与之合作，一定要先明确：要想有所收获，就一定要先付出，要先用行动让别人知道，你有超过所得的价值，别人才会开出更高的价。

（5）善于言辞，表达能力强的人

这种人善于沟通，与之合作一般不会因为交流不善而造成误会。沟通无极限，这更是一种态度，而非一种技巧。一个良好的合作关系当然要有共同的愿景，非一日可以得来，需要无时不在的沟通，从目标到细节，甚至到家庭等，都在沟通的内容之列。

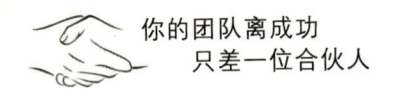

(6) 说话坦白,不喜欢拐弯抹角的人

这种人诚恳大方,也是最佳的合作伙伴之一。每个人都有不同的立场,不可能要求利益都一致。关键是大家能开诚布公地谈清楚,不要委曲求全。诚信才是合作的最好基石。

第二章

合伙创业，必须要知道的"天规"

1.股份合作，股东尽可能少点

越来越多的现代型企业在创业之初就选择了股份制的合作方式，由此不难看出，股份合作是最适合市场经济的聚财形式，自然也是创业致富的首选。

一般来讲，刚开始创业，原始积累较少，所以在选择合作伙伴时会比较偏重资金合作。在创办大项目时，选择合作伙伴会更多地偏向选择掌握其他资源和行业经验的合作伙伴。在这种情况下，股份合作是最优选择。

但是，在选择合作伙伴——股东的时候，考虑合作性也是很重要的。企业的发展不可能一帆风顺，股东之间是否能相互包容、没有私心，经营理念是否一致，这些都很重要。

我们常会看到这样两种现象：若公司刚开始经营不力，亏损较多，合作伙伴就会忍不住抱怨，为了避免自己受到更大的损失，他们会要

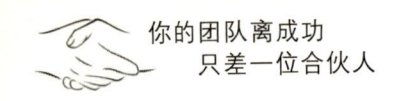

求撤资走人；如果企业做大，挣了很多钱，合作伙伴之间也会因为利益分配闹矛盾，有些人在掌握了相关的资源后还会产生单干的念头，进而撤资离开。所以，合作创业时，股东要尽可能少一些，因为人多了更难以协调一致。

庄吉集团的创始人之一郑元忠是改革开放初期温州有名的"电器大王"，后来，他选择了服装业，成立了一家服装公司，却一直没有做出大成绩。

一次偶然的机会，郑元忠认识了同样做服装生意的陈敏，两人一谈，感觉相见恨晚。于是，两人在商量后成立了温州庄吉服装有限公司。

不久，吴邦东也加入其中。三人各有所长，在公司各司其职，被业界称为"黄金三角"。

当时，对于谁当董事长的问题，三人都看得很开。按股份，郑元忠是理所当然的董事长，但郑元忠却选择让陈敏来当董事长。正如他日后所说："服装该由懂服装的人来做，陈敏是当时温州服装界数得着的少帅，又是服装商会副会长，三个人里边，肯定他最行，而且也年轻。"

三人从一开始就达成了一致：庄吉的权力在董事会，实行董事会领导下的总裁负责制，公司绝对不安排任何人的家族成员。有一次，陈敏的侄子大学毕业后想到庄吉来工作，被陈敏拒绝了。如今的庄吉，股权清晰，事事由董事会集体决策，已经创造了许多第一：全国第一家利用品牌做质押贷款的民营企业；温州市第一家民办服装研究所；将科学技术作为生产力配制股份；创办了庄吉服装文化研究所等。庄吉还与中国美院、杭州丝绸学院等多家科研单位合作，成功地把庄吉定位于高层次的服饰品牌。

第二章 合伙创业,必须要知道的"天规"

我国的企业现在基本上都是有限责任公司,有限责任公司的特点是股东少,由两个以上的股东组成,最大股东的股权不能超过75%。有限责任的概念就是股东承担的经济责任可以限制于有限的范围之内,即注册资本。

注册资本有现金和实物,实物当然要评估,专业技术以原始发票为依据。注册资本实际上是由保证金及经营需要而决定的。如果经营需要已足够,另一考虑就是对外经营形象的需要了。

除此之外,股份合作公司还要注意一些事项的准备:

(1)关于资本金的准备

主要是准备两笔资金:一笔是房租、办证照的费用,也就是启动费用;还有一笔是进货的准备金,也就是滚动资金,这笔滚动资金应当准备在4~6个月以维持生产的原料资金和经营费用。这是为了保证三个周期的需要——工厂生产周期的需要,客户资金回笼周期的需要,以及备货周期的需要。

(2)一致通过的事项

应注意股东合伙经营协议书上一致通过的项目,这是很关键的条目,要认真对待,与你的合作者充分沟通。很多经营者只是简单地将工商局的范本拿来签字了事,这样很容易留下争议。

(3)保留自己的股东权利的法律原始文件

能证明你权益的文件:各位合伙股东的协议书;出资证明,这是证明你以资本缴纳的出资证明;收据,出资后,要由你们的合伙公司的财务开据一个收据证明;验资报告,要聘请当地注册会计师出具验资报告。以上四个原始文件都不要忽视,一个都不能少,并且要认真保管。

虽然股份合作更容易聚财生财,但建立起完善的股份合作制也不是

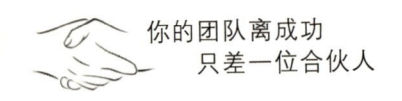

一件容易的事，一定要严格按照法律程序进行，并谨慎选择股东，这样才是真正意义上的最佳合伙赚钱的方式。

无论合伙人是以现金方式入股，还是以提供技术的方式入股，都需要在平等协商的基础上进行书面约定。股份分配的原则、规定等都要在所有合伙人列席的前提下相互协商，选择一个共同认可的方式，具体内容包括：确定每位合伙人股份的占有数目、将来利益的分配方法，以及承担相应风险的比例。

2.亲兄弟明算账——订立规则，公正公平

合伙创业不同于自己一个人经营，完全按照自己的意愿规划企业未来的发展方向是行不通的，订立企业规则才是最佳的合作方式。

当然，对于任何一个企业来说，只停在"有规则"的基础上是远远不够的，如何守规则才是规则存在之后的重中之重。就像老话说的"亲兄弟明算账"一样，在规则面前是不容许搞特殊化的。

李路和唐思诚是多年的好友，前几年唐思诚开始创业，现在已是几家桑拿连锁经营店的老板。李路最近也有与人合伙创业的计划，于是约了老朋友唐思诚出来一起喝酒，想向他学习一些经营经验。

唐思诚问："你打算经营什么项目？"

李路说："我和家人打算一起开一个可以放置100多台机器的网吧，房子已经租好了，现在正在装修，我们预算投资70万元。"

唐思诚又问："70万元的资金是否由你一个人投入呢？"

李路说："我们打算合伙，一共注入4股资金。我和老婆1股，大舅哥1股，另外，老婆家亲属2股。"

唐思诚接着问："那谁管理呢？"

李路说："4个人一起管理。"

唐思诚质疑道："这样的管理方式，还有规则可循吗？"

李路说："我已经通过咨询专家在我们的家族企业内部建立了规则体系，并规定即使是亲爹也要守规则。比如，我规定每个合伙人可以自己办理N个卡，发放给亲属和朋友。但办理每张卡都由每一个合伙人自己埋单，把钱入到总账里。也就是说，每一个来网吧的人都要通过现金或卡来消费。就是每个合伙人的亲爹来了，也要遵守这个规则。"

唐思诚高兴地说："对于合伙企业，尤其是家族式合作的方式，订立完善的规则，并且落实执行才是企业健康发展的保证。既然你已经做到了这一点，那你就可以开业了。"

公平是合作创业、成就事业的保证，这是世人皆知的道理。然而，说起来容易，做起来难。在创业之初共同经历艰辛的合伙人，却不一定能共富贵，在利益分配的时候，公平似乎成了最难坚守的原则。

华氏金融公司是由美籍华侨的华家三兄弟合伙建立的，到2000年，华氏金融公司已拥有资本约2.5亿美元，是华尔街最有潜力的合伙企业。

然而，在2007年华氏金融公司召开的董事会特别会议上，新上任的董事会主席在会上宣读了华家三兄弟辞去公司董事长兼总经理职务的声明。自此，华家三兄弟丢掉了自己一手建立起来的公司。

究其原因，只能说"冰冻三尺，非一日之寒"。原来华氏金融公司在华家三兄弟的家族式经营中，长期存在着利益分配不公的情况，致

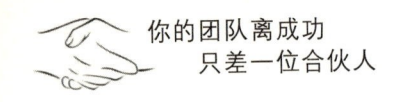

使华氏金融公司分崩离析。

最让公司股东不满的是：华家三兄弟随心所欲地改变公司合伙人分红的比例，侵犯了公司合伙人的经济利益。华氏金融公司的传统做法是总经理有权对公司合伙人的年度红利，包括7名常委红利的多寡做出最后决定。

华家三兄弟就利用这一弄权的机会，在董事会上提出了红利和股息分配的新方案。在新方案中，他们将自己和其他4名高级成员的红利从125万美元跃增到150万美元，多数票据销售和交易商的红利也都有所增加，但不少银行家的红利却减少了，其他合伙人股票分配情况更是如此。以往每年的董事会决定在固定的102000股股票的重新分配中，主要合伙人的股票很少会大增大减，但这一次，华家三兄弟的股票一下子从上一年的3500股猛增到4500股，而其他人却所增无几。

面对华家三兄弟日渐膨胀的私欲，公司的许多合伙人和董事再也无法容忍了。到2006年10月，多名公司合伙人离去，公司内部人心涣散，公司的资本只剩下1.77亿美元。仅这么一点资本，根本无法同华尔街那些资本雄厚的金融机构竞争，同时也难以维持公司每年4.37亿美元的开支。

就这样，历经风雨的华氏金融公司在华家三兄弟有失公平的经营和分红中坍塌了。

此例正是在警示人们公平原则对于合伙企业的重要性。

对于公平问题，创业者要分析一下，怎么做才是最有利于自己企业发展和合作伙伴之间良性循环的。只要找到问题的根源，想出解决的办法，公平原则还是很容易实现的。

4个人合作做软件开发，每人出资2.5万元共10万元创办软件公司，合作一年后，公司资产达到了100万元。然而，钱赚了，矛盾也出来了，这时，公司3个股东对另一个股东有看法，想让他撤出，按当初股本比例给他25万元，但这位股东不答应，为什么？很多人觉得不少了，但当初合伙的时候，只讲了每人出资多少，占多少股份，并没有明确将来某一天要退出按什么比例回购股份的问题，最后的结果是另三个股东给了50万元，那个股东才同意退出。

在这个案例中，如果当初各个股东能签订好合伙协议，就不会出现这样的问题了。那样，既能做到分股公平，还能维系合伙人之间的情谊。

公平原则应该是所有合伙企业在一开始就应该重点考虑的细节问题，订立合伙协议更是十分必要的。合伙协议可以建立规范的规章制度，同时明确合伙人在企业中的职责，要让所有合伙人明白，对于企业的股权来说，所有人都是股东，大家都处在一个公平的原则之上。或者健全奖惩制度，定期召开股东会议，让所有在职和兼职合伙人了解企业的运行状况，并对目标异常的情况做出详细的解释，同时重点报告财务状况。在合伙过程中，所有合伙人都要从大局考虑问题，公平地为对方考虑一些，这样，合作关系才会长久。

很多企业的合伙人能够共患难，却不能同富贵，就是因为把钱看得高于一切，在利益分配的时候有失公平，这是合伙的大忌，希望越来越多的合伙创业者能意识到这一点。

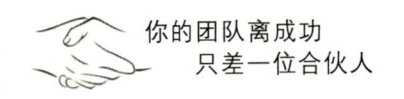

3.订立书面合伙协议，签署出资证明

现代市场是经济和法律共同作用下的健全体制，为了有效地回避合伙创业之后遇到的种种纠纷，在创业初期订立书面合作协议，签署出资证明是不可缺少的环节。

安智杰于2003年投资建起了木器加工厂。建厂时，安智杰考虑到自己在家里是长子，应当担负起做大哥的责任，而且母亲临终前自己也答应过她：要让自己的两个妹妹过上好日子。于是，安智杰让自己的两个妹夫刘祥南和朱政泽加入自己创立的企业中，并且口头约定安智杰占70%、刘祥南和朱政泽各占15%，企业归三人共同所有。因为厂址定在朱政泽所在的乡镇，所以企业是以朱政泽的名义注册的。

2005年8月，安智杰与一个妹夫在企业的经营管理问题上发生了争议。安智杰为偿还建厂的银行贷款，与刘祥南商议从企业账户上提出资金50余万元。但是，朱政泽依据当时注册企业时的材料，不承认安智杰和刘祥南对企业财产的所有权，并依据法律的有关规定向当地公安机关控告安智杰和刘祥南非法侵占其财产，要求公安机关追究安智杰和刘祥南的刑事责任，并追回被刘祥南提走的50余万元资金。

在这种情况下，安智杰后悔不已。如果当初订立了书面合作协议，现在就不至于无法确认自己对企业财产的所有权了。

安智杰的最大失误在于法律意识淡薄，投资设立合伙企业未按有关法律的规定与各合伙人就出资、入伙、退伙、利润分配、债务负担等关于合伙的重大问题达成书面协议。如果当初三人有一个书面协议，把合伙的主要事项记录下来，就可以避免不必要的纠纷。即便产生纠纷，也可以依据这个书面协议来解决，从而免除艰难的举证。

当然，合伙企业建立初期，除了要订立书面合伙协议，如果是有限责任公司，那么公司成立后，还应当向股东签发出资证明书。

出资证明书是表现有限责任公司股东地位或股东权益的一种要式证券。有限责任公司不同于股份有限公司，其全部资本并不分为股份，但是，有限责任公司的股东也有自己的出资额。在有限责任公司中，记载股东出资的法律文书就是出资证明书，有的学者也主张称为"股单"。

出资证明书有以下特征：

第一，出资证明书为有价证券。出资证明书是股东享有股东权的重要凭证。但出资证明书与股票不同，股票是可流通的有价证券，而出资证明书是不流通的有价证券，或者称为流通受到严格限制的有价证券。

第二，出资证明书是有限责任公司成立后签发的证明股东权益的凭证，公司未成立之前不能向公司的股东签发。

第三，出资证明书为非股权证券，即股东所享有的股东权并非由出资证明书所创设，股东所享有的股东权来源于股东的出资，出资证明书只是记载和反映股东出资的客观状况，因此，它与设定权利的股权证券不同。

第四，出资证明书为要式证券，即出资证明书的制作和记载事项必须按照法定的方式进行。

第五，出资证明书为有限责任公司所特有，该特有是相对于股份有限公司来讲的。股份有限公司表现股东权益的凭证称为股票，而不称为出资证明书。

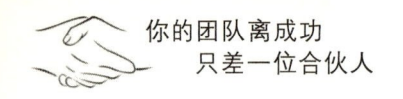

出资证明书应当载明下列事项：公司名称；公司登记日期；公司注册资本；股东的姓名或者名称、缴纳的出资额和出资日期；出资证明书的编号和核发日期；出资证明书由公司盖章。

4.关注合伙事务的决定、执行、监督程序

企业的合伙人之间既是合作伙伴，又是商业上的利益同盟，为了建立一支高效、专业的管理团队，就必须完善关于合伙事务的决定、执行、监督等程序，建立起现代化的经营模式。

（1）合伙企业事务的决定程序

普遍意义上的合伙企业事务的执行程序，是以合伙企业事务的决定为前提的。合伙事务的决定关系到全体合伙人的利益，因此，绝大多数关于合伙企业的项目，尤其是重大事项，须由全体合伙人共同决定才能执行。

根据《合伙企业法》的规定，需经全体合伙人同意才能决定的合伙事务包括：处分合伙企业的不动产；改变合伙企业的名称；转让或者处分合伙企业的知识产权和其他财产权利；向企业登记机关申请办理变更登记手续；以合伙企业的名义为他人提供担保；聘任合伙人以外的人担任合伙企业经营管理人员；合伙协议约定的其他有关事项。

除上述事项外，合伙企业其他事务的决定可以由全体合伙人决定，或者依合伙协议约定决定，而且，合伙协议的约定是优先的。

（2）合伙事务的执行方式

《合伙企业法》第二十五条：各合伙人对执行合伙企业事务享有同

等的权利，可以由全体合伙人共同执行合伙企业事务，也可以由合伙协议约定或者全体合伙人决定，委托一名或者数名合伙人执行合伙企业事务。执行合伙企业事务的合伙人对外代表合伙企业。

合伙企业事务执行是指为实现合伙目的而进行的合伙企业的经营活动。合伙企业事务的执行以全体合伙人共同执行为原则，在这个原则基础上，选择哪种执行方式由合伙人协商确定。

具体包括以下四种：由数名合伙人共同执行合伙企业事务，即全体合伙人共同委托数名合伙人，没有分工地执行合伙企业事务；经全体合伙人同意，可以委托一名合伙人负责全部合伙企业事务的执行；经全体合伙人同意，委托数名合伙人有分工地执行合伙企业的事务；由全体合伙人共同执行，这种执行方式适合于合伙人较少的企业。

(3) 合伙事务的监督程序

我国《合伙企业法》第三十条：合伙人不得自营或者同他人合作经营与本合伙企业相竞争的业务。除合伙协议另有约定或者经全体合伙人同意外，合伙人不得同本合伙企业进行交易。合伙人不得从事损害本合伙企业利益的活动。

《合伙企业法》第二十六条：依照前条规定委托一名或者数名合伙人执行合伙企业事务的，其他合伙人不再执行合伙企业事务。不参加执行事务的合伙人有权监督执行事务的合伙人，检查其执行合伙企业事务的情况。

身为企业的合伙人，不仅要关注合伙事务的决定、执行、监督程序，更应该熟悉相关的法律条文，避免被其他人钻法律空子。

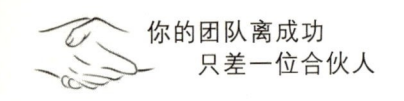

5.约定入伙、退伙、拆伙条件

古人说:"天下大势,合久必分,分久必合。"所以,就像婚前会考虑到分手时的财产分割而在婚前做财产公证一样,合伙人为了保证自己的利益不会在拆伙时受到损害,在创业时期,也要约定入伙、退伙、拆伙条件,这一点非常重要。

虽然说合伙创业的合作伙伴都是以长期合作、持续发展、把企业做大做强为根本出发点的,但事情的发展往往不会按照人们的预期走下去,合作企业的拆伙也是难以避免的。

陈欣和肖芸在高中时是同桌,大学又在同一个学校学习,情同手足。大学毕业后,两人决定一起创业。在毕业后的半年里,两人一直在学习提高创业的技能,同时也在寻找适合她们赚钱的机会。一年之后,肖芸找到了一个公司上班,而陈欣发现陶艺在年轻人中间越来越受欢迎。于是,两人闭关好几个月,潜心研究陶艺的制作过程,并积极为开店准备。她们拿着自己制作出来的陶艺品和宣传册,在附近的一家大学试着做了个市场测试,结果很受欢迎。于是,她们决定两个月之后在大学附近开办自己的陶艺小店。

开业后的两个月,小店产品卖得不错。之后,陈欣又推出了DIY服务,为喜爱陶艺的年轻朋友免费提供娱乐场地,只收取材料费用和烧制制作成品的费用。小店生意越来越好,但陈欣心里却犯了愁。开店基本都是她一人筹划,虽然肖芸也帮了不少忙,口头上说是合伙,但她并没有出多少钱,没有参与很多工作,也没有参与实际经营。现在小店生意好了，她打算辞职加入经营。但陈欣觉得小店几乎都是自己的心血，想自己独立经营下去。可考虑到她和肖芸多年的友情，这话始终说不出口。未来的合作之路怎么走，陈欣不知如何决定。

在上面的案例中，一对好伙伴面临事业和友情的挑战，这样的事情在合伙经营过程中几乎是不可避免的。但是俗话说买卖不成仁义在，这是做生意的基本原则。就算最后分道扬镳，也不要朋友变仇人。这其中最关键的就是约定合伙人退伙时对合伙企业财产应该如何分割或处理。

刘某、王某、张某三人成立了一家合伙企业，主要从事产品的加工与运输。合伙协议中约定了合伙人入伙与退伙的事由、合伙企业的存续期限、合伙企业的业务经营情况等，但没有就合伙人退伙时的财产分割做出约定。合伙企业成立后，刘某由于被人民法院宣告为无民事行为能力人而退伙。在刘某退伙时，其家人要求对合伙企业财产进行分割，但由于合伙协议没有这方面的约定，于是，王某、张某与刘某的家人产生了争议。

按照《合伙企业法》第五十二条的规定，合伙人之间应进行结算，并退还合伙人的财产份额。所以，如果在约定入伙、退伙、拆伙条件的时候把账目结算、余利分配等写进合约之中，就不会出现这样的问题了。

田海、孙树明、王刚、卢首奇四人成立了一家合伙企业。经营两年后，田海由于出现了不能继续参加合伙企业的事情，向其他三位合伙

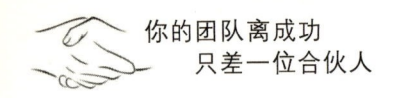

人提出退伙。在查阅合伙企业协议后，孙树明、王刚、卢首奇同意了田海的请求。在清算合伙企业财产时，合伙人发现合伙企业的财产少于合伙企业的债务，因此，孙树明、王刚、卢首奇要求田海与他们共同承担企业的债务。但田海不肯，孙树明、王刚、卢首奇就拿出了创业之初订立的拆伙协议，里面清楚规定了当合伙企业财产少于合伙企业债务，合伙企业出现亏损时，合伙人对此应该承担的责任，田海对此无话可说。

《合伙企业法》第五十五条规定：合伙人退伙时，合伙企业财产少于合伙企业债务的，退伙人应当按照本法第三十二条第一款的规定分担亏损。

《合伙企业法》第三十二条规定：合伙企业的利润和亏损由合伙人依照合伙协议约定的比例分配和分担；合伙协议未约定利润分配和亏损分担比例的，由各合伙人平均分配和分担。合伙企业经营的结果，无论是盈余还是亏损，均应分配予各合伙人。如果合伙协议未约定利润分配和亏损分担比例，在此情况下，无论出资多少、贡献大小，一律按合伙人数平均分担利润和亏损。

约定入伙、退伙、拆伙条件是在创业之初合伙人之间必须订立的条约，不仅可以避免纠纷，还是合伙企业结束时个人利益的一个保证。从这个角度上来说，创业者多了解一些关于入伙、退伙、拆伙方面的法律规定，还是十分必要的。

6.赋予指定的人经营管理权

权力是一把利剑，有的管理者愿意暂时放手，有的管理者则绝不放手。想要打造一个战斗堡垒般的有效合作团队，使业绩蒸蒸日上，就一定要指定一个有能力的人，赋予他最高的经营管理权。

姜瑞超最初在上海的一家台资企业工作，等到手头有了一定的积蓄后，他便想自己创业做老板。他瞅准时机，在北京西单开了一家拉面馆，后来连开了3家连锁店。现在，这3家拉面馆每月能为他带来2万多元的收入，远超其做白领时的薪水。

姜瑞超自己创业的方法其实很简单，只要自己看准项目，出钱盘下店面，剩下的就是请人来帮忙。只要设了一个店长，就把他当成合伙人，让他为自己出谋划策。生意上了正轨之后，自己只需每个星期到每家店里去一趟，盘盘账。因为店小，账目很简单，无非就是进货、出货。进货就是这个星期买了多少钱的面粉、牛肉、蔬菜，出货就是这个星期消耗了多少面粉、牛肉、蔬菜，将中间差价一算，刨除房租、水电、税费及人员工资，剩下的就是他赚的钱。既省心省力，又不花时间，还能从合伙人那里学到很多东西。

只要选定了可赋予最高经营和管理权力的人，就要充分信任他，放手让他做事，这才是用人的要领。除此之外，对于你授权的人，还要注意很多细节，这样，他才能更好地行使管理权力。

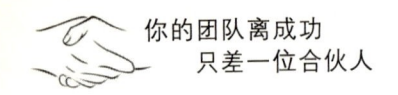

彼得是一家联合工厂的经理，他每天总是被淹没在请示、汇报之中。

有一次，一位合伙人送来了一份关于控制内部开支的请示，请他审阅批示，并拟订出具体的措施。可他太忙，这份材料放了一个月也没有顾上看。当合伙人第三次询问他的时候，他对合伙人说："我可能永远也不会有时间，你自己分析一下，提出个具体方案吧。"结果，第二天合伙人就把问题解决了，而且做得相当不错。

从此，彼得有了主意：把每天的工作分成两类，一类是本来就该他自己干的工作，另一类是合伙人"分配"给他的工作。对于第二类工作，不论自己有无时间，他一概拒绝，全让来请示的合伙人自己解决。这样，不管是在工厂权力管理的沟通上，还是在合伙人之间的交流上，都能达到最佳的合作效果，同时也避免了很多因为自己管理能力滞后而造成的误会。

古人云："非得贤难，用之难；非用之难，任之难也。"用人不疑，疑人不用。既然指定了管理者，就应该充分地信任他，让他成为行使独立权力的负责人。

第一，不仅要工作，而且要授权。

将权力授予指定的一个人，并不是那么简单的事。身为企业的主人，在自己手中现存权力被削弱的情况下，也要深知职、责、权的不可分离性，因而在授权时要把权力交代得干净利落。

第二，不要交代琐碎的事情，只要把工作目标讲明白就可以了。

既然决定了要指定一个人并赋予他最高经营和管理权力，就不要唠叨个不停，使人无所适从，不知怎么办才好。这样，人的自主性不易发挥，责任感也会随之减弱。

第三，对指定的人不应放任自流，要给予适当的指导。

身为一个企业的领导者，绝不应该以为授出了权力就万事大吉了。

尽管权力授给了他人，但责任仍在自己。如果只把权力授了出去，就可以对后果不负责任，那么企业的职能就不可能得到充分的发挥。

第四，用人不疑。

有的合作企业的管理者，一方面授权于负责人，一方面又不放心：一怕他不能胜任，二怕他以后犯错误，对有才干的人还怕他不服管。结果表现为越俎代庖、越权指挥，包办了负责人的工作，让指定的管理者陷入被动的局面。

7.钱账分管，以法律形式确定利润分配

合伙经营讲究彼此信任，但不要忘了，还有古人的名训"亲兄弟明算账"的至理名言摆在眼前。所以，对合伙人的信任应该建立在注意财务、账目清楚、钱账分管的前提下。

巫友阳大学毕业后，没有到处去找工作，而是与搞服装销售多年的小学同学谢晨芳合作做起了服装生意。

出于对同学的信任，巫友阳并没有与谢晨芳在投资金额上订立合同，而且自从一起开店以来，两人也从未在财务上实行明确的划分。但好在两人发挥各自的长处，巫友阳负责店内的事务及服装零售，谢晨芳负责服装的进货及批发。由于两个人都对工作特别投入，再加之相互信任，有事商量着来，所以生意也越做越红火。

但一次偶然的变故让两个人的角色发生了转变。一次，巫友阳由于急性阑尾炎发作，需要住院一周，可恰恰是在春节前的当口，店里的

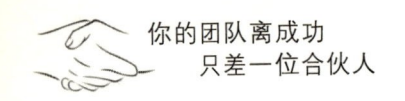

货马上就出现了断档，眼看着别的店顾客盈门，巫友阳同意让谢晨芳一个人去北京进货。春节后，巫友阳身体恢复回到店里，一查账却发现整个春节期间店里基本没有进账，而且对于谢晨芳从北京进来的货的去向也开始疑窦重重。

但是，苦于没有与谢晨芳建立有效的账目分管办法，巫友阳只能把疑虑埋藏在心里。但巫友阳的这个哑巴亏不能白吃，她决定从此与谢晨芳分管账目，做到账目清楚、互相牵制。这样就再也不怕糊涂账了。

要做到财务、账目清楚，钱账分管，互相牵制，就要明白信任是理智的、有限度的、有约束的道理，只有这样，才可实现长久的信任。除此之外，还要注意一些合伙经营中的忌讳。

(1) 切忌账目不清，手续不全

合伙经营必须做到账目公开，便于互相监督。但许多下岗职工合伙创业时，为节约开支，往往只由一方做账，但因不懂会计，致使账目不清，导致合伙人不信任。

王鹏和张小惠合伙经营一家超市，每天进出的账目繁多，双方协商由王鹏记账。但王鹏在单位一直从事机械精加工工作，从没有接触过账务，因此，他做的账目很混乱，常出现漏记、少记营业收入的情况，这引起了张小惠的猜忌，不到半年时间，双方就散了伙。

(2) 切忌义气用事

很多合伙人法律意识淡薄，只凭义气办事，什么事只是口头说一下，根本想不到签协议。因此，对合伙人的盈余分配、债务承担、退伙、合伙解体的财产分配等均无规定，很容易产生纠纷。

(3) 切忌一方私自处理合伙经营体的财产

合伙人的财产应由合伙人统一管理和使用，但有的合伙人会不经其他合伙人的同意，私自处理共同管理的财产。

如果企业在创立初期没有确定一个明确的利润分配方案，那么，随着企业的发展、利润的增加，合伙人内部就很容易产生利润分配方面的矛盾。所以，合伙经营企业的合伙人之间，一定要以法律文本形式把利润分配方案确定下来。

要做到这一点，首先要对法律规定的企业利润有清楚的认定。

(1) 企业可分配的利润

在公司的净利润中扣除职工福利及奖励基金，再加上年初未分配利润，即得可分配的利润总额。用公式表示为：可分配利润=净利润+年初未分配利润-中外合资企业提取职工福利及奖励基金。

(2) 可供股东分配的利润

可供股东分配的利润=可分配的利润-法定公积金-法定公益金。其中，法定公积金是指按照《公司法》规定，公司必须根据当年税后利润减去弥补亏损后所剩余额的10%强制计提的公积金；法定公益金是指公司按照《公司法》规定，按5%～7%的比例从当年税后利润中提取的用于职工福利设施支出的基金。

(3) 未分配的利润

未分配的利润指的是在可供股东分配的利润中扣除已分配优先股股利、任意公积金和已分配普通股股利后的余额。用公式表示为：未分配利润=可供股东分配的利润-已分配优先股股利-任意公积金-已分配普通股股利。

这之后，就可以拟定利润分配方案的法律文本了。

(1) 制作利润分配表

利润分配表反映的是公司当年的净利润的分配情况和年末分配利润

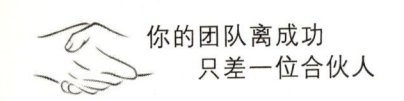

的情况。该表的编制是从公司净利润额开始的。利润分配表一般根据"利润分配"科目有关明细账的发生额进行编制。

(2) 填写利润分配表

报表中的"本年实际"栏,根据当年"利润"及"利润分配"科目及其所属各明细账的记录分析填列,"上年实际"栏根据上年度的利润分配表填列;

"净利润"项目,反映的是企业全年实现的净利润,如为净亏损,则以"-"号填列。本项目的数字应与利润表中"净利润"项目的"本年累计数"一致;

"利润归还投资"项目,反映的是中外合作经营企业按规定在合作期间以利润归还投资者的投资;

"年初未分配利润"项目,反映的是企业上年年末的未分配利润。如为未弥补的亏损,则以"-"号填列。本项目的数字应与上年利润分配表中"未分配利润"项目的"本年实际"数一致;

"应付优先股股利"项目,反映的是企业应分配给优先股股东的现金股利。

很多中小民营企业的创业团队在发展初期,或者是没有考虑到,或者是碍于面子,没有明确提出未来具体的利润分配方案,等到企业规模扩大的时候才开始为利润怎么分配而争执,轻则个别合伙人退伙,重则整个团队解散,大好局面毁于一旦。

面对这些经验教训,创业者要引以为鉴,结合自身企业的特点,及早与合伙人以法律文本的形式确定一个清晰的利润分配方案。把最基本的责、权、利界定清楚,尤其是股权、期权和分红权,此外还包括增资、扩股、融资、撤资、人事安排、解散等与团队成员利益紧密相关的事宜。

8.各尽其能，分工合作

合作本身就是一种各尽其能、分工合作的互帮互助的形式，商业合作更是这种形式的专业化体现。尤其是对于一个刚刚起步的合伙创业项目，合伙人之间的分工不当将成为企业的致命伤，导致企业快速"死亡"。

如何分工是在确立合伙关系后首先要考虑的问题，这不仅关系到合伙人之间的合作能否顺利，更会影响到创业项目未来的发展。

首先，要让有能力的合伙人成为管理者。

聪明的企业管理者只会决定工作的大致方向，细节方面则交给合伙人处理，这是一个让合伙人发挥能力的机会，也是企业合理分工的一种体现。

但有时会出现这样的情况：当合伙人决定的事情已经开始有所进展时，其他合伙人又突然出面干涉，结果，一切都要等大家一致裁决后才能运作。虽然口头上说要把权力交给一个合伙人，但也只是说说而已，并没有落实。

所以，我们事先要和合伙人做好意见沟通，不能说好"都交给你"却还要过分干涉。一旦说出这句话，就要有绝不干涉的觉悟，否则会让合伙人失去工作热忱，这样，合作就很难继续下去。

让有能力的合伙人成为管理者并不是件坏事，当自己决定将权力交给合伙人去执行时，即使真有不满意的地方，也不能再发表意见。除非合伙人由于无法处理某个问题而感到苦恼，这时，你才能出面，以个人的经验提供给合伙人一些方法或者是行之有效的帮助。

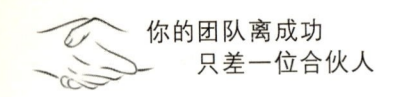

然而许多时候，情况往往在开始时便已弄巧成拙，有些人虽想用温和的方式把自己的意思传达给合伙人，但语气上却隐含命令的意味，合伙人表面上也许会接受，心里却未必服气。因此，这一点必须特别注意。

在此情况下，你不妨对合伙人表示："如果是我，我将这么做……你呢？"以类似的做法来指导合伙人，不但可保持自己的立场，也可将意见自然地传达给合伙人，甚至合伙人极可能会认为你是站在他的立场上考虑问题。这样，合理分工的目的便达到了。

合伙创业，在合理分工的时候要想充分发挥合伙人工作的积极性和创造性，一方面要放权，使合伙人在一定范围内能自主决断；另一方面要设身处地地为合伙人着想，勇于承担合伙人工作中的失误。

其次，让行业专家做技术工作。

创业者每天都在因人才问题而焦头烂额，加速内部人才储备与培养计划的实施是他们必须做的功课。

国内大部分中小企业在发展扩张阶段都会遇到较大的人力资源瓶颈，许多行业都在面临着内部产能规模扩大的同时缺乏高级技术管理复合型人才，外部收购兼并却没有人才可以输出的困境。所以，合伙企业只实施人才计划还不够，还应该发展具有技术专长的合伙人，并让他从事企业内的技术工作。这样，不仅能解决企业的人才、技术等问题，还能最大限度地做到合理分工、科学分工。

与行业专家合作的途径无非三条：与成功者合作；雇用成功者；为成功者所雇用。

成功的企业家必须善于驾驭各方面的成功人士，尤其是行业专家，他能使企业在短时间内在某一专业领域内迅速提升竞争力。与一个行业专家合作，让他来做自己的合作伙伴，要比让他来为自己打工强得多。

正如古人云："贤主劳于求贤，而逸于治事。"企业需要合理的分工,创业者与行业专家应该做各自该做的事。企业家要把70%的精力放在考虑企业的未来发展上,而企业未来战略的规划,主要靠相应的人力资源做支撑。所以,贤明的企业家应该倾注更多的时间与精力在贤能之才的寻找与合作上,这才是现代企业合作与分工的真谛。

最后,创业者对待合伙人要有容才纳贤的气魄和度量。

只有具备宽容的气度,才能有团结众人的力量,最大限度地发挥合伙人的才能。宽容是一种激励方式,也是一种管理方式。管理者的宽容品质能给予合伙人良好的心理影响。

第三章

像经营婚姻一样经营合作关系

1.合作关系和婚姻的相似点

创业之初，想要促成一次商业合作是要经历很多困难的，仅仅是处理与合伙人的关系就足以让你筋疲力尽了。但越是这样，我们越要拿出更多的诚意，就像对待婚姻中的另一半一样来对待合伙人。

面对想要结婚的伴侣，我们总会表现得特别耐心、特别忠诚，用尽一切办法把自己的优势展现在对方面前，希望最终可以一起走进婚姻的殿堂。但也许你不知道，理想的商业伙伴，其可遇不可求的程度更胜于婚姻的伴侣，所以在促成合作的时候，要拿出追求婚姻伴侣的精神和毅力，做到诚恳、耐心，每个细节精益求精，直到成功合作为止。

像对待婚姻伴侣那样对待自己的商业合伙人，通过数十年的企业经营实践，李嘉诚对此笃信不移。

当年，李嘉诚旗下公司的塑胶花牢牢占领了欧洲市场，营业额及利

第三章 像经营婚姻一样经营合作关系

润成倍增长，到1958年，李嘉诚的公司营业额达千万港元，纯利超过百万港元，李嘉诚也因此赢得了"塑胶花大王"的称号。为了发展自己的塑胶事业，他的下一个目标就是让塑胶花产品进军美国和加拿大等发达的资本主义国家，进一步扩大国际市场。

在此之前，李嘉诚陆续承接过香港洋行销往北美的塑胶花订单，但这根本成不了气候。为了能在幅员辽阔、人口众多、消费水平极高、占世界消费总额1/4的美国找到合作伙伴，李嘉诚像琢磨爱人的心思那样研究美国市场，最终设计印制出了精美的产品广告画册，通过港府有关机构和民间商会联系北美各贸易公司。

在这样积极的"追求"下，果然很快就有人愿意"下嫁"。北美一家大贸易商S公司，收到李嘉诚寄去的画册后，对长江公司的塑胶花彩照样品及报价颇为满意，决定派购货部经理前往香港，以便"选择样品，考察工厂，洽谈入货"。

这家公司是北美最大的生活用品贸易公司，销售网遍布美国和加拿大。机会千载难逢，但还不敢说机会非自己一家莫属。对方的意思已很明显，他们将会考察香港整个塑胶行业，或从中选一家作为合作伙伴，或同时与几家合作。但李嘉诚在收到来函后，还是继续拿出对待婚姻的热情，立即通过人工转接的越洋电话与美方取得联系，表示"欢迎贵公司派员来港"。交谈中，对方简单询问了香港塑胶业其他厂家的情况，李嘉诚提出：若有时间，愿意陪同他们的人走访其他厂家。

这是一次比选择婚姻伴侣更为严格的选拔，比信誉，比质量，比规模，斗智斗力，方能确定鹿死谁手。李嘉诚知道，要想使合伙人青睐自己，一定要提高自身水平，使彼此相匹配。于是，李嘉诚召开公司高层会议，宣布了令人惊愕而振奋的计划：必须在一周之内将塑胶花生产规模扩大到令外商满意的程度。

想在一周之内形成新规模，难度相当大，一旦某个环节出了问题，

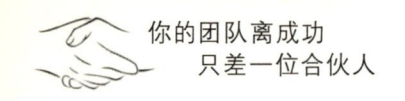

就有可能使整个计划前功尽弃。但李嘉诚还是在一周内完成了。

就在外国公司的购货部经理到达的那天，设备刚刚调试完毕，李嘉诚把全员上岗生产的事交与副手负责，自己则亲自驾车去启德机场接客人。见到外商，李嘉诚问："是先住下休息，还是先去参观工厂？"外商不假思索地答道："当然是先参观工厂。"在前往工厂的途中，李嘉诚心中忐忑不安，生怕会出什么问题。汽车驶进工业大厦，听到熟悉的机器声响，闻到塑胶气味，他的心才踏实下来。

外商在李嘉诚的带领下参观了全部生产过程和样品陈列室，感到非常满意。最终，李嘉诚赢得了这次难得的合作机会。

从此，这家北美公司成了长江工业公司的大客户，每年来的订单都数以百万美元计。通过这家公司，李嘉诚获得了加拿大帝国商业银行的信任，日后与其发展为合作伙伴关系，进而为自己进军海外市场架起了一座桥梁。

什么样的婚姻才是好的婚姻？肯定是"白头偕老""患难与共"，想要拥有一个较稳定的婚姻关系，夫妻双方就要做到相互信任，有共同的价值观，沟通良好，能够长期奉献、共享信息，有能力解决冲突和消除误会。

合作伙伴关系与婚姻有很多相同之处。两者都要求有很恰当的核心理念，要为对方带来利益，这远远超过单独一方可能带来的好处。

当两个人结婚后，结果是"1+1=3"：他、她和他们。"他们"开始了新生活，而他和她依然保留着自己独特的个性，无论是对婚姻还是合作伙伴关系来说，这都是一个成功的模式。在这种合作关系中，两个不同的组织同处于密切的联合之中，特别是这种联合对双方都有利时，所以，每一方都会寻找共存共荣的方法。你所选择的伙伴或伙伴们也必须接受这种观念，否则，这种合作关系从一开始就注定会失败，更不用说两者能共存共荣了。

当你选择合作伙伴时，下列10点关键品质是你必须展示给对方的，并看看对方是否也有这些品质。

(1) 渴望获得成功

最好选择一个成功者作为你的合作伙伴。你的合作伙伴必须渴望获得成功，想做得更好，必须对建立伙伴关系有所帮助。

(2) 要明白合作双方归根结底是为自己的成功而努力的

人们或组织之所以愿意结成合作伙伴关系，是因为他们理解合作的价值，明白这是一个好方法。合作双方需要知道合作是什么、不是什么。你们的责任和义务体现在各个方面，不要总是以为你的合作伙伴要为你的最佳利益考虑。你和你的伙伴都是"人"，所以，你们都容易动摇，而并非总是按照对方的最佳利益行事。

(3) 做一个积极的倾听者

要真正地与伙伴心心相通，积极地倾听是一个很重要的技巧。这有助于你了解你必须去做什么，什么时候你的伙伴没有及时履行对你的义务等。双方都保持警觉，才能达到双赢的目的。

(4) 理解和关注是什么在促进伙伴的业务发展

想要维持良好的合作关系，你就必须不断地为此做出贡献。就像你必须在银行中有存款才能要求提款一样，伙伴关系也是如此。你为伙伴增加价值的唯一途径，是要清楚你的伙伴认为什么是有价值的。否则，你做了努力，使用了资源，花费了金钱，却没有创造出伙伴认为的价值。

(5) 接受并回应别人的反馈意见

只有当双方都愿意接受劝告时，你们的事业才可能向前发展，并从中受益。没有人能通晓一切，如果真能做到精通所有，那就没有合作的必要了。这不是在吹毛求疵，我们真正需要的是双方开诚布公地

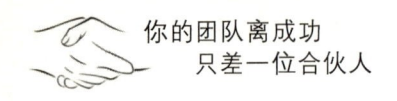

交流。

(6) 灵活变通

你要灵活机动，特别是当事情或环境并不像原来想象的那样发展时更该如此。当前方的道路被冲毁时，如果你不能改变方向，那你很可能会掉进河里，无助地等待别人的救援。我们十分需要灵活办事的能力，因为事情不会完全按照我们所预想的那样发展。

(7) 你必须让人信赖，行事正直，尊重每一个人

在确定合作伙伴之前，一定要看看对方是否有这些品质。

(8) 寻找双赢的战略安排和解决之道

伙伴关系并非一种零和关系，相反，伙伴关系通过协作来发挥协力优势。为了联盟的利益，你的公司必须成功，同样地，你的伙伴也必须成功。双赢是我们继续维持伙伴关系的动力，这种关系维持得越久，合作的利益就越明显。

(9) 要清楚合作是一种相互依赖的关系

合作不是完全的依赖或完全的独立。你们的利益圈子相互重叠，重叠部分是对你们双方都有价值的部分，重叠得越大，价值也就越大。重叠部分也是你们相互依赖的部分。携手并进、相互促进正是建立合作伙伴关系的最大收益之一。

(10) 做好融合工作

如果别的事情都很到位，但大家在一起没能很好地融合，合作也会受到限制。很自然，你会寻找一个你喜欢的人或组织来合作，并在工作中相互配合。

2.企业合作伙伴类型

俗话说，一个篱笆三个桩，一个好汉三个帮，这是中国人对于朋友、合作伙伴的诠释。而英国前首相丘吉尔曾经对合作伙伴有过另外的解释，大致意思是"大英帝国没有永远的朋友或者敌人，如果敌人逃到地狱，我们愿意和魔鬼谈合作"。同样一个词，中西方却是截然不同的解释，实在有趣。

而在现实的市场上，这两种观点正越来越融为一体，合作伙伴会因为客观市场、自身的发展等因素，时时发生变化，今天的合作伙伴，是否会变成明日的竞争对手呢？

IT行业（信息技术产业）内，这种案例比比皆是。戴尔（DELL）原来曾经是惠普（HP）打印机的主要分销商之一，当戴尔打印机分销渠道越做越大、越做越顺时，它便不再满足于只做分销，而萌生了开拓自己品牌的念头。于是，两家公司由昨天亲密无间的合作伙伴，转眼变成了今日打印机市场上兵戎相见的冤家对头。

在选择合作伙伴以前，你是否会先问自己以下几个问题：

你是否希望同合作伙伴达成长远的"双赢局面"？

你有什么可以吸引你的合作伙伴？他们为什么愿意与你合作？

你的合作伙伴是否有不同的类型？你是否考虑将你的合作伙伴分成不同的类型，加以区别对待？

这些问题的答案将直接影响到你选择合作伙伴的思想和策略。

首先，回答第一个问题以前，最好先想想丘吉尔先生的话。商场变化无常，如果你追寻的是长远的"双赢局面"，那你恐怕过于理想化

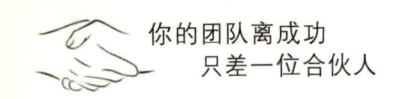

了。毕竟，我们面对的是一个瞬息万变的市场，阶段性的"双赢局面"可以达成，但你的合作伙伴会一直仅仅满足于目前与你分享利益的比例吗？

其次，谈到你凭什么吸引合作伙伴时，多数人或许会脱口而出"我的市场策略吸引人""我的产品好销售""我给出的折扣率优惠"……没错，这可以吸引你的合作伙伴一时，但你的市场策略也好，折扣优惠也罢，每季度调整是很自然的事，如何用3个月的热情去维持你长达9个月以上的策略呢？不同层次的合作伙伴，由于他们的需求不同，企业所显现出的核心价值也是有所区别的，这同第三个问题又休戚相关。

斯迪凯思公司的罗杰·乔奎特建议合作伙伴关系必须建立在相互依存的基础上。

他说："对于伙伴关系，必须是相互依存的，我们的目标是双方都赞同的，我不能把我的目标强加给你，让你把它作为自己的目标。我们必须都认同将来要一起做的一些事情。我们每天的任务不应该相互排斥。

"我们无论什么时候做决定，都必须考虑到对对方的影响。我们花了很长的时间才发展起这种关系，不应该轻易破坏它。这表明当你代理我的产品时，我始终相信你所做的和你所想的，不仅仅是在行政关系上信任你，也信任你提供的销售额，因为你代理的是我的产品而不是其他人的产品。

"理解了这一点，我们的经销商将会卖出大约相当于他们总销售额的60%至80%的斯迪凯思产品。我们付出的大于我们得到的。那种我付出50%你付出50%并不是一种折中，你总是要努力为你们的伙伴关系做出更多的贡献，超过你从中得到的好处。

第三章
像经营婚姻一样经营合作关系

"这里讨论的伙伴关系是一种双方面的伙伴关系。如果我的付出大于我的所得，你的付出也大于你的所得，那么没有人能从对方那里得到好处。这不是我们想要的，因为我们建立的是伙伴关系，所以双方都要有好处，就像我们的目标一样，不能互相排斥。

"如果你想赚更多的钱，并且你代理我的产品卖出了你销售额的60%至80%，那么在年初我们会谈一谈，你说：'罗杰，根据我现在的利润，我不能再继续向前发展了，我已经做了努力并做了投资。'我认为你是想要我帮助你做一些事情。是的，我会去做，因为你帮助我提高了我的销售额。

"于是，我们会坐下来分析一下事情是如何发展的。这不仅仅是我给你更多的钱以此让你握有更多美元的问题，也许我可以用其他方式帮助你。在特定情况下，也许我会帮助你降低成本，或是帮你提高自动化程度，让你的流水线更有效率地工作等。因此，如果我们都同意一个共同的目标并就如何实现这个目标达成一致，那就让我们一起努力吧。

"这就是我们与经销商合作的方法，它不仅仅是我走进来要求你必须卖出更多的东西，我可能会进来跟你说：'嗨，你看看，在这个市场上，我们比去年多增加了5%的销售额，你是我们在这个市场上唯一的经销商，所以，如果我们不跟你合作，我们也不会和别的人合作。我们怎样做才能使销售额再增加5%?'然后，我们会与经销商一起坐下来谈谈，他或许会说：'我认为以后将会出现这么一些问题，还有一些是我们认为需要做的，你看我们是继续合作还是中止合作?'接下来，我们将这些意见整理出来，这些意见就成了下一年销售和营销计划的基础。"

企业合作伙伴的类型可以分成：

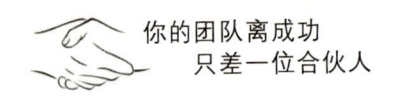

(1) 中长期战略合作伙伴

这类合作伙伴和企业现时的业务为主要上下游关系，不太会出现和现在或将来的业务产生竞争可能性的合作单位。

(2) 中长期销售合作伙伴

这类合作伙伴是企业目前最主要的销售渠道，但其今后的业务可能会向上游拓展，成为本企业潜在的竞争对手。

(3) 短期销售合作伙伴

这类合作伙伴是企业目前的竞争对手，有成长性，但不稳定。

对于"中长期战略合作伙伴"而言，你吸引他们的可能不仅是你产品的品质、价值，更多的可能是双方在某一领域或层面上的潜在合作商机。因此，在与这类伙伴的合作中，企业在保持自身在该领域的相对优势、稳定目前销售的同时，也要积极开拓与战略合作伙伴之间新的合作商机，增加企业销售额。

"中长期销售合作伙伴"恐怕是大多数企业每天都要面对的，他们是企业产品销售所依靠的主要力量，也是企业所头疼的"孩子"。跟他们谈合作，似乎讨得的便宜不多，更多的是要看他们的脸色，很无奈。所以，请先摆正你自己的位置，合作伙伴是建立在平等基础上的，如果你自己觉得有求于人，未开口先在气势上怯了三分，又怎能要求对方平等对待你呢？仔细想想，对于他们而言，你的核心价值在哪里？他们对你百般挑剔，为何现在却还在替你销售？是因为你的产品强势，还是因为现在他们自身的发展还不足以支持他们同你分庭抗礼？他们可能变成你的潜在竞争对手，因此，在同他们的合作中，产品的技术核心千万不能分享，"胡萝卜+大棒"的合作政策是比较好的游戏指导规则。

"短期销售合作伙伴"可能更多看重你的产品、你的培训、你的技术支持，对于他们而言，你的核心价值会更清晰。你有充分的时间、空间从他们中间挑选、培养未来的"中长期销售合作伙伴",去劣存优。

3.学会适当妥协,才能收获更有力的合作

合作与对立的关系,有时候就是一线之隔。方式得当,对手也可以变伙伴;关系紧张,伙伴也会变敌人。所以,要想让合伙人之间的关系更加稳固,尤其是要在动荡的局面下维系合作关系,适当的妥协是少不了的。

在几十年的发展历程中,微软公司在市场上给人们留下了以大欺小、争强好斗的印象。但从冲突中退出来之后,微软公司提醒自己要牢记最初的目标,于是从2002年开始,微软公司开始积极地和解尚未了结的官司,并为此掏出了50多亿美元。它在公众心中的形象逐渐好转,寻求合作共赢成了微软的基调。

微软公司奇迹般从冲突中后退的转折让很多人大跌眼镜,但又在情理之中。就如一位业内人士所言,大家都处在产业链里,只是上下游的关系。现在的商业关系是既竞争又合作,不能纯粹地讲谁是谁的朋友,也不能简单讲谁是谁的敌人。只有善于合作才能在市场博弈中谋求到利益的最大化,聪明的比尔·盖茨自然不会不明白这一点。

微软在中国事业的转机是从与国内企业的合作开始的。在此之前,微软中国这个在美国总部以外功能最为完备的子公司,却在中

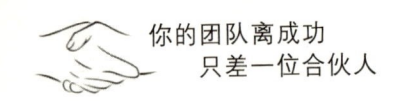

国市场显得有些水土不服：微软耗费十年光阴在中国市场拼命打拼，微软中国的收入在微软全球销售中占到的份额仍然不值一提，在亚洲不但比不上日本、韩国，甚至在中国内地也只能排行老七。打持久战没关系，但问题是微软中国一贯重视的品牌声誉在中国却成了霸权、垄断、安全隐患、政府采购失利、渠道积怨等负面消息的代名词。

2004年年初以来，从冲突中退出来的微软公司的名字频频与中国上市公司联系在一起。据不完全统计，和微软有过合作接触的公司有浪潮信息、四川长虹、创智科技、中国石化等。

2004年4月，率先披上"微软"光环的创智科技公司与微软在北京签署了合作备忘录，双方决定建立全球战略合作伙伴关系，在人才培养及培训认证、软件开发、市场营销、企业协议及国际项目等方面进行全方位合作。

四川长虹也不甘示弱，2004年6月下旬，微软与四川长虹的合作计划也浮出水面，长虹与微软在成都正式签署了战略合作协议。不久，以旗下上市公司浪潮信息和浪潮软件为主体资产的浪潮集团又被微软相中，双方在山东签署全球战略合作伙伴备忘录。

此前，盖茨在访问中国时多次公开表示，微软公司将全力支持中国软件行业的发展，利用中国巨大的市场潜力和人力资源，为中国和微软创造一个双赢的局面。微软将与中国厂商和电信部门进一步合作，共同开发手写电脑、可视电话等新产品。

直到从冲突中退出来，盖茨终于意识到，任何商业目标都应该实现双赢。而在中国，只有实现同中国软件业的共同发展，才是发展的唯一出路。于是一时间，广告突然多起来了，赞助活动也变得更加频繁，和政府、媒体的态度也亲热多了……

从与本土产业的冲突中退出来后，盖茨和微软这个曾靠打击盗版赚取利润的"垄断者"在中国突然低下了"高贵"的头颅。微软头顶上的天日开始生变——微软的对华政策和形象开始了一场不露声色却又具连续性的转变,而这一切都显现出了十足的中国特色。

微软从冲突中后退,提醒自己牢记最初的合作、双赢等目标,于是冰块开始融化,市场的大门开始慢慢开启。微软正是通过与中国市场的全面合作,在中国走上了发展的征途。

想要在矛盾、动荡的情势下继续维持合作的关系,双方的妥协是十分必要的。而且,一旦通过双方的努力度过了合作上的动荡期,必定会收获一种更加有力的合作关系。

20世纪80年代,日本为了达到用大量贸易顺差赚取巨额外汇进行海外投资的目的,封闭国内市场的同时,极力出口本国产品,大肆并购美国资产。一向以强国姿态示人的美国政府当然不会任由这种形势继续下去,而日本方面也不会任凭美国摆布,于是两国贸易从合作变为冲突。

到了1987年,面对国内的局势和国际上美日贸易的不利局面,想要恢复合作关系的美国政府决定针对日本在牛肉、柑橘和橙汁方面的市场准入问题与日本进行谈判。

在美日贸易谈判一开始时,日本就感受到了来自国际社会的重重压力。日本政府处于内外交困的境地,被迫无奈地决定妥协,但在这之后的美日贸易谈判中依然没有达成任何协议,这对于美日双方来说都是一种折磨。在这种情况下,美国也决定表明自己想要达成协议的诚意。他们意识到,如果再不想办法扭转僵局,那么这次谈判又将是无果而终。

美国首席代表史密斯派出了大量人力对日本的关税资料进行统计和

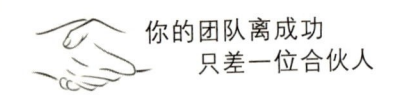

分析，功夫不负有心人，美方根据大量的信息资料发现，日本对牛肉的保护达到了371%，由此可见日本的贸易壁垒达到了怎样的程度。根据这一信息，史密斯决定以适度的妥协来缓解日本方面的压力。他做出承诺，如果东京同意取消整体数字中的300%（配额取消），华盛顿同意日本在1991年将牛肉关税从25%提高到70%。美国显然是要通过这种妥协方式使双方的谈判得到迅速进展，他们的目的达到了，官方谈判恢复之后，日本接受了美国的建议，美日牛肉贸易合作的谈判僵局终于被打破了。

说来容易做起来难，当贸易合作双方面对利益冲突，合作关系岌岌可危时，究竟怎么做才是度过动荡局面继续合作的最佳方案呢？

第一，化整为零的切香肠策略。

假如你想得到一根香肠，你可以先恳求他的拥有者给你薄薄的一片，对此，香肠的主人一般不会吝啬。第二天，你再求他给你薄薄的一片，第三天也如此。这样一片接着一片，整根香肠就会全归你所有。由于你每次要求他的让步幅度都很小，所以对方在心理上很容易接受，但实际上，在一次次的累积下，对方已经做出了很大的让步。

第二，以进攻来对付进攻，以进攻来阻止进攻，这在你的防守难以支持的时候是比较有效的。

如果对方提出的要求损害了你的根本利益，或者他们的要求在你看来是无理的，你也可以拿出一个他们根本无法答应或是荒谬的要求来回敬他们，让对方明白你是有准备的，没有丝毫让步的余地。

第三，人们总是容易同情和怜悯弱者，不愿意落井下石，置之于死地，而比较容易答应对方的要求。

在对方就某一问题要求我们让步时，我们可以装出一副可怜的模样向他们恳求，假如你的说法让对方觉得真实可信，他们很可能会心软让步。

第四，制造竞争。

俗话说，同行是冤家。他们为了争取谈判的成功，必然会提出不同的优惠条件，以压制不同对手的谈判要求，争取最大的利益，达到坐收"渔翁之利"的目的。再没有什么武器比制造和运用竞争更能迫使对方让步的了。当谈判一方存在竞争对手的时候，他的谈判压力会大大增强。这时，假如他的谈判对手聪明地给他这种暗示，提醒他注意其竞争对手，就比较容易迫使他让步。

对于大多数合伙做生意的人或者是贸易伙伴来说，存在矛盾是很正常的。正是因为如此，我们才更应该学会在冲突中求合作，在动荡中求稳固。只有懂得适当地做出妥协让步，才能在风风雨雨后收获更稳固的合作关系。

4.职责分明，荣辱与共

在与人合伙创业的过程中，创业者不仅应该让合伙人承担相应的责任，使他承受一定的压力，也应该让自己承担一份责任，双方职责分明，荣辱与共，这才是合伙人之间共同创业、共同承担责任的全部含义。

这个道理很简单，任何一位合伙人在面对创业的风险时，都会产生强烈的追求"安全"的心理。这种心理具体表现在两个方面：其一，对自己，最好少承担甚至不承担责任，尤其是在面临没有多少"把握"的创业项目的时候，更希望其他合伙人能让自己"不承担"明确的责

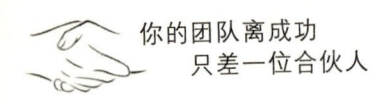

任。当然，这是不可能的；其二，对创业的发起人、决策者，希望对方能替自己多分担一些责任，倘若能听到对方说"你就大胆干吧，出了问题我负责"，那就再好不过了。

显而易见，前一种心理要求含有很多消极因素，容易使自己滋生不思进取、畏缩不前的惰性；而后一种心理要求却是正当合理的，应该予以适当满足。

俗话说得好，"压力出水平"，共同合伙创业也是这样。合伙人之间不可能仅仅享受相应的权和利，还应承担与其职权相称的责任，只有这样做，才能感到有一种压力在驱使自己勇往直前。而一定的压力能转化成一定的动力，又能转化成一定的效率和水平。

在这里，掌握好压力的"度"很重要。压力过大，会把合伙人压垮，使其不敢面对创业风险；压力过小，又起不到鞭策、鼓励的作用。唯有压力适度，责任与职权相称，合作才能出色、顺利地完成。

在让合伙人承担相应责任的同时，自己也别"忘了"承担自己应负的一份责任。因为自己做出的决策并非万无一失，绝对正确，其中很可能包含着不正确的因素。加上在合伙创业的过程中，还会受到多种不确定因素的干扰和制约，谁也不能保证"行为轨迹"会完全沿着自己的"思维轨迹"前进，遇到暂时的挫折和失败很正常。

因此，创业要敢于为合伙人撑腰壮胆，敢于在必要时替合伙人分担责任，这不仅体现了一个创业者的道德品质和商业情操，而且直接关系到合伙人之间能否建立起相互信赖、相互支持的融洽的合作关系，关系到整个管理机器能否正常运转。

倘若创业过程中遇到损失，创业者把合伙人当"替罪羊"抛出去，而自己却不承担丝毫责任。那么，还有谁愿意和这样的人一起合作创业呢？

因此，与合伙人共同承担责任，创业者必须注意以下五点：

（1）与合伙人共同创业时，创业者不应故意回避自己应承担的一份责任，这是处理好合伙人关系的大前提。

（2）创业者必须明确区分哪些是合伙人应负的直接责任，哪些是自己应负的责任，绝不要含糊其辞、模棱两可，让合伙人听了心里没底，或者感到"安全系数"太小，或者感到似乎有"空子"可钻。

（3）说话要留有余地，切忌凭空许诺，大包大揽。有的经营者喜欢拍着胸脯对合伙人说："出了问题我负责！"这样做，表面上看似乎给了合伙人一张"免死金牌"，但有头脑的合伙人并不会相信你能够承担一切严重后果，过分的承诺反而容易使人产生怀疑。

（4）与合伙人共同分担责任的目的，不仅是为了使合伙人增添几分安全感，更重要的还在于培养和增强合伙人之间的信任感，使每个合伙人愿意承担自己应负的"直接责任"。

为此，创业者必须毫不含糊地替下属分担下列责任：

第一，由于自己做出的错误决策（包括正确决策中的"不正确"因素）所造成的损失。

第二，合伙人在执行任务过程中遇到各种不确定因素的影响和干扰所造成的挫折和失误。

第三，其他一切值得同情和谅解的过失。

（5）创业者一旦向合伙人做出分担责任的许诺，就应该遵守诺言，绝不反悔。当合伙人果真遇到不应由他负责的挫折和失误时，创业者不仅应该马上"兑现"自己的承诺，还应该向合伙人明确表示，愿意为下一个行动计划继续分担责任，以此来鼓励合伙人进一步树立战胜困难的信心和勇气。

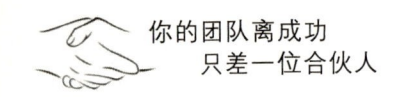

5.当面沟通，切忌背地议论

无论你是一个怎样的天才，无论你多么能干，但一个人的能力总是有限的。优秀的管理者不会把每件事都包揽下来，而是巧妙地安排工作，让合伙人来做。

但是，给合作伙伴进行分工也是要讲究技巧的，如果你把自己不能解决的问题推给合伙人，却不能进行良好的沟通，那合伙人很可能会认为你是在难为他，把难办的事都交给他来做。所以，一定要做好面对面的沟通工作，不要让合伙人之间的交流成为创业过程中的障碍。

为了让合伙人能愉快地为你带来解决问题的办法，最佳策略就是增进面对面的交流，不要把问题留到"背后"去解决。

(1) 减少沟通的层级

人与人之间最常用的沟通方法是交谈。交谈的优点是快速传递和快速反馈。在这种方式下，信息可以在最短的时间内被传递，并得到对方的回复。但是，当信息经过多人传送时，口头沟通的缺点就显示出来了。在此过程中，卷入的人越多，信息失真的可能性就越大。每个人都以自己的方式理解信息，当信息到达终点时，其内容往往与开始的时候大相径庭。

因此，应该尽量与合伙人进行面对面的沟通，减少沟通的层级。越是不常见面的合伙人，越是应该抛弃电话、书信，面对面地坐下来交流。

(2) 重视合伙人的意见

优秀的合伙人善于将企业利益同自身利益统一在一起，他们不仅能够为企业利益着想，还会时常为企业的发展提出一些中肯的意见。这就涉及一个创业者如何对待合伙人意见的问题。有的人对合伙人的意见仅是听听而已，并不重视，这实际上犯了一个致命的错误。

所以，在合伙人向自己提出建议的时候，不妨认真听听。合伙人能对企业提出意见和建议，说明他关心企业，把自己真正当成了企业的主人。如果身为企业管理者的你对他们的意见置若罔闻，就会挫伤合伙人的积极性，对未来的合作和企业的发展都是毫无益处的。

(3) 让合伙人对沟通行为及时做出反馈

沟通的最大障碍在于合伙人误解或者对创业者的意图理解得不准确。为了减少这种问题的发生，创业者可以让合伙人对自己的意图做出反馈。比如，当你向合伙人交代了一项任务之后，你可以接着向合伙人询问："你明白我的意思了吗？"或者，你可以观察他们的眼神和其他体态举动，了解他们是否正在接收你的信息。

在合伙创业的过程中，合伙人之间发生误会是很正常的事情。但如何巧妙地化解误会，就要看个人的本领了。真正精明的商人懂得利用有效的沟通让误会烟消云散，因为在他们看来，有效的沟通不仅是解决误会的有效手段，更是促成合作的必要手段。

想要更好地解决合伙人之间的误会，首先就应该知道误会是怎么产生的。

首先，合伙人之间的误会源于彼此掌握信息不均衡，导致沟通进行不畅。

企业的主导者总会比其他合伙人掌握更多的企业宏观层面的信息，而在处理具体问题时，显然具体负责这项工作的合伙人更有发言权。如何使两者之间平衡，就是避免合伙人之间产生误会的关键。

其次，每个合伙人都有自己的个人想法及个人问题，不可能在合作中时时保持理智。在这种情况下，就需要彼此及时、有效地交流，比

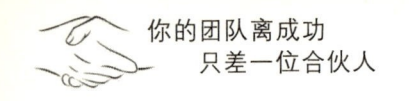

如多找合伙人谈谈心，一定会比不问理由地埋怨更能解决误会。

最后，一个有效率的企业，合伙人之间关系是否融洽是非常重要的，虽不至于要求合伙人之间的关系都如"哥们"一般，但至少不应该除了工作关系之外就毫不相干。

合伙创业，除了要与形形色色的商家、客户打交道，与合伙人的接触更是频繁而不可避免的。经常与合伙人进行沟通，也让其他合伙人之间进行沟通，是助你管理成功的有效手段。

那么，如何主动与合伙人进行有效的沟通呢？

(1) 注意保持理性，避免情绪化行为

在与合伙人交流的时候，不良的情绪会影响我们对来自对方的信息的理解。情绪会使我们无法进行客观、理性的思维活动，而代之以情绪化的判断。所以，创业者在与合伙人进行沟通时，应该尽量保持理性和克制，如果情绪出现失控，则应当暂停进一步沟通，直至恢复平静。

(2) 对不同的合伙人使用不同的语言

一起合伙创业的人，往往有不同的年龄、教育和文化背景，这可能使他们对相同的话产生不同的理解。另外，由于企业中专业化分工不断深化，不同的企业合伙人喜欢用不同的"行话"和技术用语。而如果你注意不到这种差别，以为自己说的话都能被其他人恰当地理解，那么合伙人之间的沟通障碍就很容易形成。

所以，基于语言可能会造成沟通障碍，我们应该对不同的合伙人使用不同的语言，针对个人多说一些他易于理解的词汇，使合伙人之间的信息传递更加清楚明确。

除此之外，在传达重要信息的时候，为了消除语言障碍带来的负面影响，可以事先把相关信息的具体内容告诉对此不熟悉的合伙人。比如，在正式进行某项工作之前，让有可能产生误解的合伙人阅读你准备好的书面材料，然后积极地对他不明白的地方做出解答。

此外，还要注意恰当地使用肢体语言。

对于一起创业的合伙人来说，在面对面的沟通中，一半以上的信息不是通过词汇而是通过肢体语言来传达的。要使沟通富有成效，创业者必须注意自己的肢体语言与自己所说的话的一致性。

比如，你告诉合伙人你很想知道他们在最近的工作中是否遇到了困难，并说明自己愿意提供帮助，但同时你又心不在焉地干着别的事情，例如浏览文件，这便是一个"言行不一"的信号，合伙人会怀疑你是否真的想和他交流。

在与合伙人交流意见的时候，还应当注意通过非语言信号来表示你对对方的话的关注。比如，赞许性的点头，恰当的面部表情，积极的目光；不要看表，不要翻阅文件，不要拿着笔乱画乱写。如果合伙人认为你对他的话很关注，他就会乐意向你提供更多的信息；否则，合伙人有可能再也不愿意开口和你交流。

（3）放权给你的合伙人

权力上的沟通是最困难的。为了避免在行使权力的时候发生不必要的误会，你应该尝试适当地下放权力给你的合伙人。

6.学会换位思考

我们与合伙人之间所产生的矛盾大多是由于太过执拗于自己的想法，而没有考虑到对方的感受和利益，而换位思考对于解决这类矛盾非常有利。它能够更加科学、更加迅速有效地找出问题的所在，并将其解决。

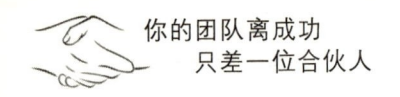

戴尔·卡耐基每个季度都要在纽约的一家大旅馆租用大礼堂，用20个晚上来讲授社交训练课程。但是有一个季度，跟他合作了很多次的场地负责人竟然提出要他付比原来多3倍的租金，而这个时候，入场券已经发出去了，开课的事宜都已办妥。

两天后，卡耐基去找了负责人，他首先对对方提高租金的做法表示理解，然后帮对方分析了这样做的利弊，他说："有利的一面：大礼堂不出租给讲课的而是出租给举办舞会的，那你可以获大利。因为举行这一类活动的时间不长，他们能一次付出很高的租金。租给我，显然你吃了大亏。不利的一面：首先，你增加我的租金，却降低了收入，因为我付不起你所要的租金，只能另找地方；还有一个对你不利的事实，这个训练班将吸引成千有文化、受过教育的中上层管理人员到你的旅馆来听课，对你来说，这其实起了不花钱的活广告作用。请仔细考虑后再答复我。"最后，场地负责人做出了让步。

在卡耐基获得成功的过程中，没有谈到一句关于他要什么的话，他是站在对方的角度上想问题的。可以设想，如果卡耐基气势汹汹地跑进场地负责人的办公室，提高嗓门和他大吵大闹，会有怎样的结局呢？即使他能够在道理上压倒对方，场地负责人出于自尊也很难做出让步。

设身处地替别人想想，了解别人的态度和观点，比一味地为自己的观点和主张争辩要高明得多，不管对待生意伙伴还是创业合伙人的时候都应如此。

换位思考即从合伙人的角度去考虑他们需要什么，这是一种逆向思维方式，它与我们传统的与合伙人打交道的不同点在于，通过这样的思考，经营者能更好地理解自己与合伙人之间的主要矛盾。

正所谓"不识庐山真面目，只缘身在此山中"，有些人固执地认为自己的方式就是最好的，排斥其他途径与方法，更不愿听取他人的建议，结果很容易走入死角而导致失败。这种情况表现在和合伙人的交往中，就会使双方的交流停滞，产生摩擦，甚至产生不可调和的矛盾。

相反，善于换位思考的人常常能从合伙人的角度审视自己的方法，从多个角度综合考虑问题，结果往往能找到更广阔的天地。所以，换位思考不仅能有效避免"走进死胡同"，还有助于我们从众多方法中选择科学高效的捷径，将问题处理得更圆满。

7.千万不要和这些人合作

在开始合作之前，一定要谨慎选择你的合伙人，不能为了利益不加考察，什么人都合作。要知道，如果碰到了坏合伙人，将无异于一场灾难的开始。

常冉多年来一直想开一间加工厂，但苦于没有人合作。直到2006年7月，终于有人愿意与他合伙经营，因此，常冉没有多加考虑便同意了。

他们因为采用供机的模式，所以买了几台机器。当时常冉的合作伙伴手头上已经有了一定的接单能力，但首期不足，所以常冉先支付一半的机器款，余下的按每月10000元来供，分5个月供完。

但是，一起经营生意的几个月来，业绩一直平平，先前赚的一点钱也花在这两个月的供款内了。合伙人觉得做不下去了，想卖掉机器，但常冉一打听价格，吓了一跳，使用寿命为90年的机器，现在用了不到

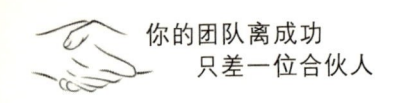

5个月，价格竟掉了一半。

　　这时候，合作伙伴又提出想按这个价格稍高一点的价钱，借钱买下机器，就算常冉退股。常冉想，卖到外边，价钱更低，自己把机器买下来也不实际，他自己又没有多少接单能力，到时光是供款就能把自己拖死。就这样，常冉陷入了两难的困局。

　　后来常冉才知道，厂子的业绩之所以不好，是因为合伙人故意不接单，他是想逼自己退股，好吃掉自己的钱。常冉仔细地算了一下，仅仅几个月的时间，自己就亏了3万多元，但这个行业却是赚钱的，自己的困境完全是自己的合伙人一手造成的。

　　总结教训后的常冉奉劝其他想与别人合作做生意的朋友，找合伙人一定要谨慎，合伙人找得好就是阳关大道，找不好就是万丈深渊。

　　找合伙人就像找导师一样，而且，你对合伙人的依赖甚至高于对导师的依赖，因此，应该慎重挑选。

　　首先，考虑自己为什么真的需要合伙人——是精神上的支持，还是自己的知识和基本技能有漏洞，需要他人弥补？

　　其次，和不熟悉的人一起创业，结果不会很好；和熟悉的人合作，则会有比较长时间的信任。一个人永远不能完全确定自己选对了人，但对他们越了解，则越有可能做出好的选择。

　　最后，如果确定自己真的需要合伙人，要尽可能多地找些关于对方的参考材料，并仔细审查，尽早把"坏合伙人"否决在合作的大门之外。

　　我们不得不承认，现在合伙人之间的纠纷越来越多，为了避免遇到"坏合伙人"而对簿公堂、损失惨重，一定要事先了解一些合伙经营中的种种禁忌。注意处理好这些问题，才能避免被"坏合伙人"坑害。

　　（1）小肚鸡肠的人合伙后会算计你

　　想创业，项目不好选，合伙人也不好找，困难重重。但越是这样，

第三章 像经营婚姻一样经营合作关系

越不能放松对合伙人的要求,万一找了一个小肚鸡肠的合伙人整天算计你,那以后的发展可就举步维艰了。所以,在选择合伙人的时候一定要擦亮慧眼,千万不能与小肚鸡肠的人合作。

文颖萱就是一个不小心与小肚鸡肠者合伙做生意,而导致麻烦不断的创业者。

2003年深秋,文颖萱和同乡姐妹程子嫒从湖北老家来到广东合伙做外贸服装贸易,她们各自出了一部分资金,程子嫒负责采购,文颖萱负责销售。

创业初期虽然有很多困难,但是她们每天都很快乐,因为她们对未来充满了希望,每一天都努力着。第一年的辛苦劳动终于有了回报,她们赚了20万元。这让她们有了很大的信心,于是,她们买了电脑,建了自己的网站,希望能够在网上做贸易,认识更多的朋友和合作伙伴,同时增加了工人,扩大了店面。本来以为以后的日子会越来越好,没想到这个时候却出了问题,程子嫒迷上了网聊,很快就开始了网恋,并且在几个月之内结束了她8年的婚姻。

程子嫒的离婚导致了资金的分流,因为她要分一部分财产给丈夫,当时虽然对生意有点影响,但并不是很大。只是从这以后,文颖萱发现程子嫒的心思已经不在生意上了,而是整天小肚鸡肠地跟自己算计着如何分钱。

文颖萱知道,程子嫒的网恋情人其实是个社会上的混混,身无分文,还喜欢赌博,这个时候程子嫒要和自己分钱,很有可能是为了供他挥霍。果然,时间不长,程子嫒就提出让文颖萱分给她一部分钱,然后她自己单做。

由于平时程子嫒已经陆续地把她的投资提了出来,也就是说,现在生意上的资金已经基本上算是文颖萱一个人的投资加上两个人共同创

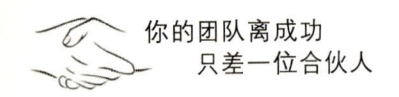

造的利润了，所以面对这个要求，文颖萱不知道该怎么做。不分开不行，程子媛每天都缠着自己；可分开了文颖萱也难做，因为平时都是程子媛负责采购，自己对这一块不是很熟悉，而程子媛还希望分到现金。其实由于程子媛不努力，今年的生意差了很多，上半年基本上没有赚到什么钱，还积压了不少货。

文颖萱算了一下手头的现金，还不够自己的投资款呢，也就是说，文颖萱的投资资金的一部分和两人的利润都压到了货上，可程子媛现在要让文颖萱给她分现金，如果这样，文颖萱的流动资金就会出问题，加上她又不会进货，很容易导致断货的局面。为此，文颖萱很是着急。

正当这个时候，文颖萱无意中遇到了程子媛的前夫，竟然从他的口中得知了一个惊人的消息：离婚时，程子媛没给丈夫半毛钱！文颖萱终于恍然大悟，原来自己的合伙人一直在算计合伙投资的钱，这样的合作伙伴怎么能长久呢！于是，文颖萱马上与程子媛算清了账，结束了合作关系。

当然，即使不是和小肚鸡肠的人合作，也有可能遭人算计。所以，我们与合伙人应以诚相待，减少对方的猜忌。

(2) 绝不可与人品低劣的人合伙

不管是合伙做生意还是交朋友，对人品的考察永远是第一位的。对于那些人品有问题的人，一定要敬而远之，与这样的人交朋友是很危险的事情，更别提一起合伙做生意了。

很多人以为，大家一起做生意，关心的只是利润，为人怎么样与自己没有多大关系，其实不然。无数被人品低下的合伙人拖后退的前例摆在面前，还不足以让人们警醒吗？

段萧在3个月前与两个朋友一起合租了一间工作室，项目是做平面设计和印刷。那两个朋友,一个是平面设计,另外一个对印刷有过接触,但不精。

他们在公司吃住,每天早晨8点才起床,段萧几乎成了他们的闹钟。他们住在公司,却很少打扫卫生,这事基本上由段萧全权负责。为此,段萧也说过他们几次,却被他们称为"老妈子"。

业绩未见,饭却一顿不能少,3个月了,75%的利润都是自己创造的,却不见他们有压力。面对3个月全是投入没有收入的情况,段萧提出了发工资的具体办法,实际就是发提成,50%给业务,20%给设计,公司留30%以备用。

但意见一提,他们便时常私语,让段萧很尴尬,这样下去,合作还怎么进行?段萧真的非常后悔与这样的人合作。

虽然合作创业之路不可能一帆风顺,但如果遇到人品有问题的合作伙伴,合作的道路只会越走越艰难,前景也更是堪忧。人品低劣的人表面上干劲冲天,信心满怀,团结一致,奋力拼搏,但一段时间之后,自己的小心思就会暴露出来,最后问题越来越多,产生矛盾,无法维持正常经营,随着时间的推移,人与人之间的矛盾进一步恶化,直到整个公司或企业瘫痪破产,才算罢休。

所以,在此真诚地奉劝想要合伙创业的朋友们,选择合作伙伴时一定要看清对方的人品。

对合伙人的品质考察主要从以下几个方面着手:

首先,个人素质水平。一个好的合伙人首先应该是一个具有优秀品质的人,具备相当的专业水平、工作认真负责和恪守职业道德是最基础的素质条件。

其次,应当具有良好的团队精神。作为合伙人,他将领导一个团队甚至整个企业发展前进,如何协调与合伙人、员工之间的关系,团结

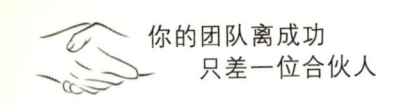

和激励团队成员发挥自我潜能，共同努力奋斗，是合伙人应当具备的基本个人素质。

有些人在管理上喜欢显示自己是合伙人的特权，不服从统一管理；在工作上喜欢独断专行，粗暴无礼，对助理和员工不尊重；在利益分配问题上，对于自身利益斤斤计较，却要求企业对其自身发展给予不计成本的投入和关注。这些问题都容易引起合伙人之间的冲突、隔膜和反感，破坏共同发展的理想和制度管理的基础。

最后，个人能力。无论是对于企业管理者还是合伙人来说，专业知识结构和能力都是应当具备的基础条件。另外，由于中国是一个处于迅速变化中的市场，合伙人必须具备良好的自我学习能力，才能从这些剧烈变化中认识并把握市场机会，不断挖掘、拓展新的业务，为企业带来新的利润增长点。

(3) 不要跟把老婆安排进公司的人合伙

想创业，找合伙人一起打拼永远是最佳的选择，既能降低风险又能增加实力。但是，如果你的合伙人是个有过把自己老婆安排进合伙人公司里来的"前科"的人，你可一定要谨慎，这种人绝不是做合伙人的好选择。

覃泽和乔子达是中学同学。2005年，覃泽大学毕业后在广东某学校任职，乔子达在上海一亲戚开办的工厂任厂长，管理一条十几个员工的生产线，工作比较轻松。

后来在一次同学聚会上，两人重逢，相谈甚欢。覃泽对烟酒行业比较熟悉，而乔子达则在上海有一定的人际网，各有所长。在覃泽的建议下，两人一拍即合，决定合伙在上海经营烟酒销售。

2006年年初，覃泽从学校离职，投入上海的店铺经营，而乔子达则继续当他的厂长，让他的老婆在店里帮忙看着。刚开始，覃泽也没有多想，但半年过去了，业务却毫无进展，生意一直处在亏损的状态，覃泽心里开始愤懑不平。

半年来，乔子达还是厂长，乔子达的老婆说是在店里帮忙，其实只是做做饭，看看店面，只有覃泽东跑西跑。更令覃泽不解的是：乔子达似乎并不希望他在上海的熟人介入自己的生意，因此，从某种意义上来讲，覃泽之前对他抱有的幻想破灭了，对上海人生地不熟的他虽有着极大的决心与耐心，但最终还是提出了停业。

一般人在创业的时候总是对未来充满了美好的想象，但如果工作上的伙伴变成了合伙人的老婆，她对企业的事缺乏热情，不管不问，工作没精打采，分工安排的事常常不能完成；或者本来今天约好要一起商量事，结果她又推说有一些私人的事要办，而实际上只是与一些人打麻将去了。

面对这些，你心里纵然有千百个不满，但碍于"嫂夫人"的身份又不好开口，时间长了，问题堆积在一起，你的心情、斗志都会受到影响，合作的道路也必将越走越难。

如果你已经不小心上了贼船：碰上了把老婆安排进公司的合伙人，那就要防患于未然，尽早杜绝上述问题的发生。如果你还是不好意思直接警告对方，那至少也要聪明地点醒你的合伙人。

那么，在这种情况下，你究竟应该如何点醒他呢？

首先，掌握好对方的情绪变化。

你要知道，人的情绪变化是很微妙的，如果在你的合伙人情绪很好的时候，你对他提出他老婆的种种问题，有时即使过了头，他也可能不会去计较。但如果是在他情绪波动较大时，自控能力减弱，认识往往呈现极端化的倾向，并伴有逆反心理，这时，即使你对他老婆的意见很平常，合伙人也可能听着不顺耳，甚至会把心中的烦躁迁怒于你，

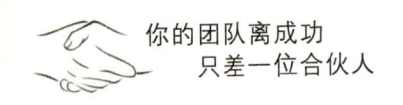

与你大闹一场。因此,应该善于掌握你的合伙人的情绪变化,适时地进行点醒。

其次,时机要适当。

一定要掌握好纯正的动机和适当的时机,因为这是点醒合伙人的基础。

张家承和洪小勇是合伙经营一个企业的两个合伙人,但最近一段时间,洪小勇不仅工作不积极,还把自己的老婆带到了公司来,名为像大家一样积极为合伙企业出主意、想办法,实际上只是给老婆安排一份省心省力的工作。意见很大的张家承在很多不同的场合多次想从侧面点醒他,但收效不大,洪小勇依然无知无觉。

面对这种情况,张家承并没有急于与洪小勇理论,而是一方面进行深入细致的调查,搞清楚洪小勇工作不积极、没有热情、让老婆来公司充数的原因,另一方面等待时机,希望能在恰当的时候点醒洪小勇。

经过调查,张家承发现,原来洪小勇发财之后开始追求享受,有了小富即安的思想。有一次,他们特意见了一个以前的朋友,此人因为富裕之后贪图享乐,没把心思用在事业上,结果把一个好端端的企业弄垮了,现在穷困潦倒,四处借钱。此人走后,张家承便以此人为例,语重心长地劝说洪小勇,终于使洪小勇幡然悔悟,不仅让老婆离开了公司,自己也比从前更努力工作了。

在提醒合伙人时,除了要把握合适的时机,还要有纯正的动机和建设性的意见,在进言之前先确定自己的言行有助于合伙人,而且确能发挥实际效用。许多人经常以"我只是想帮助你"为由来提醒合伙人,而实际上只是为了一己之私。我们应该知道,真理并非任何人能垄断或独占的,当我们观察别人时,总难免失之偏颇,免不了以个人有限的经验和一己的需要来做衡量。所以，在批评合伙人之前，最好先请教第三者，使你的言论更能切合实际，合乎客观。

最后，以取得对方的信任为基础。

在有意要点醒其他合伙人时，双方应该以足够的信任为基础，如果无法取得对方的信赖，即使你所持的见解精辟，也依然无法令对方折服。

(4) 切忌合伙人和自己的专长相似

与人合作做生意的目的，归根结底就是为了取长补短、优势互补，但如果你的合作伙伴和你专长相似，那合作的意义何在呢？

刘嘉航、曲坤伟、袁绍华是同学，在学校时就是在一起玩得不错的死党。毕业后由于各种原因，三人走上了不同的道路：刘嘉航毕业后选择了继续深造，曲坤伟去南方实现自己的梦想，袁绍华则是在一家不错的国企工作。

刘嘉航研究生毕业后，总觉得没有施展自己拳脚的空间，在放弃了林林总总的大小公司的面试后，他想到了自己创业。刘嘉航的这个想法被曲坤伟和袁绍华两个好朋友得知后，立即得到了他们的大力支持和赞同。原来，袁绍华早就腻烦了国企单调而没有挑战的工作，而曲坤伟更是在南方闯荡了几年后，空有一身本领却无处施展。

俗话说得好，三个臭皮匠赛过一个诸葛亮。就这样，专于学术研究的刘嘉航、在南方学到先进经营理念的曲坤伟和在国企学到了严谨管理制度的袁绍华一拍即合。

兄弟三人为创业着实下了一番工夫。平时粗心大意的大男孩，在创业的关键时刻，一个个都变得粗中有细。他们首先建立了一个公司筹备委员会，三个人在合租的房子里将《公司法》仔细研究了一番后，还制订出了具体的分工措施：组织能力强的袁绍华负责公司的管理，

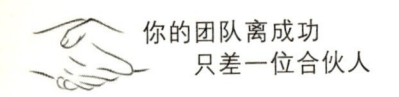

专于电脑技术的刘嘉航担任技术方面的工作，而曲坤伟则凭借自己的交际优势负责公司产品的销售。

当一切准备就绪的时候，公司在资金方面却突然出现了问题，这可难坏了他们兄弟三人。因为他们太年轻，让投资方产生了顾虑，投资方担心这三个毛头小子难以应付瞬息万变的商海。然而，他们兄弟三人却用自己的"独门招数"证明了自己的能力。

他们找准项目，电脑、软件、数码这些高科技产品针对的消费群体以年轻人居多，所以在技术创新和市场开拓上，几个年轻人抓准了消费者的心理。商品一推出就广受好评，投资方也就此打消了疑虑。

为了公司的利益，三个人都奉行"三人行必有我师"的原则，看重别人的专长。这样不但保持了美好的友谊，也在相互的合作中学到了很多。明白优势互补对合作创业的重要性的三个同窗好友，就这样在专长不同的合伙人的帮助之下，打拼出了一片属于自己的天空。

所以，作为一个创业者，你必须知道你需要在哪些方面有专长的人。一般有四种合伙人可供选择：一是资金合伙人，二是技术合伙人，三是资源合伙人，四是能力合伙人。

只有明确了自己的专长和自己所需要的专长之后，再积极地寻找能够与自己优势互补的合作伙伴，才是成功创业的基础。

8.合作最忌相互猜疑

合伙人之间本应彼此信任,但很多人在利益面前变得疑窦丛生,对自己的合伙人百般猜忌,结果导致合伙生意失败,甚至合伙人之间反目成仇,连朋友也做不成。

万岚彬和仇雨生以前关系很好,两人总是以兄弟相称。2005年秋天,两兄弟合伙做起了生意。刚开始时,生意很好,可后来两人在买卖上意见不统一,起了纷争,生意也受到了影响。万岚彬怀疑仇雨生把进货的钱私自扣下来了,仇雨生则怀疑万岚彬私自卖货,兄弟俩因彼此相互猜疑而在心中结下了疙瘩。后来,两人因一时的言语冲突吵了几句,从此矛盾更加激化,两人的关系也越来越僵,本来就不景气的生意也随之解体了。

聪明的商人最懂得彼此信任的重要性,更能够想尽办法去赢得别人的信任。在他们眼里,看不见、摸不着的信任恰恰是资金的一个良好来源。

参茸的原产地是东北,但经商的人都知道,全国参茸市场却在浙江。这到底是怎么回事呢?东北与浙江可是相隔千里之遥!更让人吃惊的是,同一等级的人参,东北原产地的价格约2000元/公斤,而在浙江却只卖1900元/公斤!

明眼人一看就明白,这是赔本的买卖,但精明的浙江人怎么会做赔

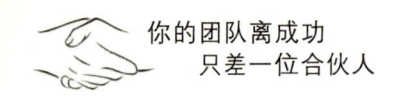

本的买卖呢？这实在是令人费解。事实上，这正是浙江人的精明所在。

浙江人跟东北人做参茸生意时会尽量取得对方的信任，他们在第一次向东北人订货时，开口就要10吨，一手交钱，一手交货。这往往让东北商人觉得浙江人非常值得信任，而正是利用这点信任，浙江人打起了赊销的主意。

几次生意下来，浙江人就利用东北人对自己的信任，先付20%~30%的定金，卖掉货后再交钱。在每次生意中，浙江人总是按照原先说好的价钱支付，绝不拖欠，这让东北人觉得非常踏实。到最后，浙江人要货时就可以不用交定金，来年卖完货再付款。

聪明的浙江人就是利用东北人的信任来获得参茸，而参茸在浙江人眼里已经不仅仅是参茸了，它们更是可以利用的资金。浙江人拿到大量的参茸后，迅速地在市场上销售，有时候甚至低于进价销售，这在外人眼里是不可思议的，而在浙江人眼里，参茸变现后的资金，在一年中可以周转好几次，做好几回生意。年终结算时，尽管参茸生意赔本了，但其他买卖却赚了不少钱，总的来算，利润还是很可观的。

在市场上，信任就是金钱。如果合伙人信任你，你就可以先获得他人的产品然后再付钱，这可比在银行贷款方便多了。

合伙生意等于是组织战，合伙人之间必须团结一致，才能产生力量。换言之，几个人在互信的基础上密切地团结在一起，才能凝聚成一股庞大的力量。否则，彼此的力量不但会相互抵消，还会产生反效果，形成四分五裂的局面。

俗语说："疑心生暗鬼。"有些合伙人的信心不够坚定，或是在外面听了别人的闲言闲语，或是在公司里听到员工的议论，便私下里动了疑心，认为合伙人对他不够忠诚。只要疑心一动，就等于给你们的合伙事业亮起了红灯。

在合伙企业中，合伙人要做到诚信无疑、相互信任，起码要做到以下几点。

第一，不可主观乱猜疑。既然大家走到了一起，就应该精诚团结，同心同德，为合伙企业的发展而奋斗。合伙人之间要以诚相待，切忌对张三怀有戒意，对李四放心不下，满腹狐疑，最后闹得互相猜疑，分崩离析。

第二，不要听信流言。有时合伙人之间本来是相互信任、诚信无疑的，但听了亲戚朋友、企业员工或其他人的议论，便对合伙人产生了怀疑，影响了合伙人之间的团结。

试想，不去调查事情的真相，只抱着猜忌的态度去做事，合伙企业如何搞得好？因此，合伙人不要轻信别人的流言，要认真调查，多问几个为什么，时刻保持清醒的头脑。

第四章

化敌为友，
与竞争对手合作共赢

1.同行不妒，万事都成

一个人赚钱而让其他人赚不到钱甚至赔钱，这种心态是要不得的。试想，利益本来是大家的，现在却由你一个人独享，天下人怎么会不眼红、不怀恨在心呢？当然，已经激起民愤的你，也不可能一路畅通地发展下去。

所以说，避免"单赢"策略引起同行业者的愤恨，才是持续发展的硬道理。如果一个人只对自己的事业感兴趣，没有合作意识，把同行对手全都当作敌人来对待，势必会引起别人的怨恨，他的利益必然也不会长久。

香港漫画家黄玉郎曾经红极一时，但他对竞争对手残酷无情，对身边的助手和员工也不友好，以致在他炒股失手时，竞争对手和周围的人纷纷趁机出手打压。最后，公司破产，别墅和轿车等被政府没收，

第四章 化敌为友，与竞争对手合作共赢

人还被送进了监狱。同行都说，这是他过分注重自身利益，不顾他人的结果。

老话讲"同行是冤家"，也许这话有一定的道理，但这绝不是现代商人所认同的观点。想要长期发展，就不能树敌，更不能与人结怨。而避免竞争对手对自己产生愤恨情绪的最好方法，就是变"单赢"为"双赢"，在竞争中求合作，共创互惠互利的和谐局面。

同行未必是冤家，我们要换个角度来看待竞争对手。面对同一领域的竞争对手，很多商人常常会怒目而视，相互排挤，非要争个你死我活才肯罢休。其实，在同行业之间，双赢更能够催人奋进。

聪明的商人总是乐于化敌为友，因为他们知道一个人的力量是有限的，如果能够与同行业的竞争对手合作，则能弥补各自的不足，借对手之力，达到双赢的局面。

红顶商人胡雪岩就非常注重同行间的合作，他说："同行不妒，万事都成。"他做丝业生意的时候，同行业有几家已经相当有规模了，胡雪岩却没有倾轧对方，而是设法联络他们。

湖州南海丝业的庞云缯在行业内相当有威望，生意也做得很大。胡雪岩为了将自己的丝业做得更大，便寻求对生丝颇为内行的庞云缯的合作。在与庞云缯的合作下，胡雪岩在丝业市场上渐成气候，并在华商中把持着蚕丝的国际业务。

当然，与对手的合作是以利益互惠为基础的，胡雪岩做丝业生意得到了庞云缯的帮助，反过来，他也向庞云缯传授了经营药业的经验。后来，庞氏在南海开了镇上最大的药店——庞滋德国药店，与设在杭州的胡庆余堂关系密切。

胡雪岩的每行生意都有极好的合作伙伴，而他的每一个合作伙伴都

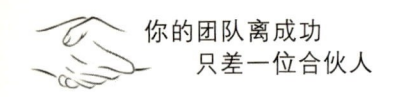

对他有很高的评价。所以，依靠对手，联合对手的力量非但不会影响到自身的经济效益，更有利于以对方为靠山，发展和壮大自己的力量，保证自己的事业稳步前进。

在某一个时期，市场总份额是固定不变的。在一个行业内，同行之间由于经营内容相同，所以要分享同一市场。而对同一市场的分享，也就是利益的分享，使得同行间的竞争成了必然的和不可避免的事情。于是，为了各自的利益，同行间互相嫉妒，引发愤恨，以至于相互倾轧，"单赢"成了同行间的常事。在竞争中，或者一方取胜，另一方被迫俯首称臣；或者两败俱伤，第三者得利。这样的情况似乎是我们大家都认可的市场规律。

但这样的局面绝对不是最好的。其实除此之外，还有既不触动对方利益又能自己得利的第三条路可走。胡雪岩正是走了第三条路，他时时顾及同行的利益，既为别人留余地，也给自己开财路，保持了稳定的经营，达到了双赢的局面。

历史给了我们一个很好的经验：善于联合对手制造双赢的人，总能打开别人难以打开的局面。我们不能否认同行之间存在利益上的竞争，但除此之外，还有合作的可能。

有人说如今是一个合作型的社会，各取所需的合作模式可以表现在工作和生活的方方面面，同样也表现在企业的经营管理中，而且双赢应该是经营者始终要牢记的最高准则和追求目标。

在合作求双赢的过程中，一定要记住一个原则，就是要使得双方的利益和情感需求都得到满足，并愿意进行下一次合作。

假如两个朋友合伙做生意，每一次可以赚1000元的利润，假设大家付出的劳动相等，则这个利润应该是五五分成，但有一方却拿走了600元或者更多，一次、两次也许还会安然无事，但如果次数多了，肯定会引起另一方的不满，并最终导致合作关系的破裂。这显然不是一个双赢的结果。

双赢，是既满足自己的需要，同时也满足对方的需要，双方共同迈上成功的台阶，最终各得其所。这正是现代"合伙赚钱，谋取双赢"的成功理念。

2.了解对手的核心竞争力

取得合作成功的重要一点就是要了解对手的核心竞争力。联盟要取得成功，一方的竞争优势就必须弥补另一方的弱点。以这种方式建立起来的伙伴关系能让你更好地提供产品和服务，让你的产品和服务包含更多的价值，从而超越其他的竞争对手。

首先，研究每一个对手的核心竞争力是什么，然后衡量出核心竞争力的价值和独特之处。要将核心竞争力和只是做得很好的事情区分开来。"你做得很好的事情"可能只是一种活动，把它从公司的框架中抽出来，不会对经营产生实质性的影响。相反，若是从公司机构中去除某一种活动会引起破坏性的后果，那这就是公司的核心竞争力。

其次，如果竞争对手有联盟伙伴，那也要了解对手的伙伴的核心竞争力。了解企业所在行业中别人都在做些什么是很有意义的。

询问你的供应商是发现对方核心竞争力的一个方法，因为它们可能也是你的竞争对手的供应商。

通过各种形式调查竞争对手——实地察看它们的营业地点，打电话

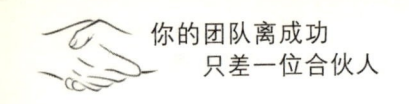

向它们咨询，或者答复它们的宣传邮件。要一直问自己："为什么有些人会从他那里买东西呢？"

调查客户，看看他们喜欢竞争对手的哪一点，然后分析竞争对手哪些方面做得不对，哪些方面做得对。

当你知道你的竞争对手哪些方面做得很好，或者比你要好许多时，你就可以确定和哪些对手合作以获取新技巧、技术或能力，让自己变得更有竞争力。

预测竞争对手的下一轮行动：

这是竞争对手分析中最难也最有用的一关。具体研究一家公司的战略意图，监测其在市场上的表现，确定其改善公司财务业绩所面临的压力，可以获取这家公司下一步行动的线索。一家公司继续实施当前战略的可能性取决于该公司当前的业绩表现，以及继续实施当前战略的前景。对这两项持满意态度的竞争对手很可能继续实施当前的战略，不过，可能会做一些细微的调整。屡遭挫败的竞争对手由于其业绩表现很差，所以它们会推出新的战略行动（不管是进攻性的还是防御性的）。积极进取的竞争对手有着雄心勃勃的战略意图，有着强大的实力，很可能会追求新兴的市场机会，充分利用和"盘剥"弱一点的竞争对手。

由于公司的管理者对公司的经营和运作一般是以其对自己行业的假设和对公司所处形势的看法为基础的，所以要深刻地洞察竞争对手的管理者的战略思想。可以从他们对一些问题所发表的公开观点中获得信息，如行业的发展趋势、行业取得成功所必须采取的措施等；还可以从他们对公司形势所持的观点中获得信息；可以从各种他们现在的所作所为的"小道消息"中获得信息，从他们过去的行动和领导风格中获得信息。另一个需要考虑的问题是一个竞争对手是否有做出重大战略变动的灵活度。

第四章 化敌为友，与竞争对手合作共赢

要做到成功地预测竞争对手的下一步行动，管理者必须对竞争对手有一个良好的感觉，对其管理者的思维方式有一个良好的感觉，对其当前的战略选择有一个良好的感觉。对信息的审查工作是很有必要的，也是一项费时的乏味差事，因为信息不仅来源很多，而且很零碎。但是，对竞争对手进行仔细的侦察，从而预测出它们的下一步行动，能够使公司的管理者组织有效的反应措施，并有助于确定可能成为合作伙伴的对手。

了解竞争对手的捷径：

（1）从互联网上了解对手

以下是一些在互联网上获取竞争对手商业情报的常用方式和渠道。

第一，新闻发布稿。

在竞争对手的网站上通常都有丰富的信息，首先值得一读的是其新闻发布稿。一般企业的新闻发布稿内容详尽、丰富，若能接触到原始材料，则有助于你从中收集"可操作性的情报"，从而得出可靠结论。当然，你也可以在公共新闻媒体上读到一些报道，但由于报道篇幅有限，有些细节通常无法见诸报端。

第二，网上购物中心。

网上的消费者"购物中心"是了解对手产品技术规格、产品动态、价格优惠条件的好"场所"。

互联网上载有多数上市公司的大量资料，这是互联网最能发挥其作用的地方。利用搜索引擎或互联网购物中心，借助企业网站，你可以轻松获得有关企业的最新数据。

（2）在展览会上研究竞争对手

展览会的独特之处在于不仅外商会来找你，你的竞争对手也在过道对面。这是搜集竞争对手第一手材料的绝好机会，要像侦探一样，花时间走遍展会的每个角落。

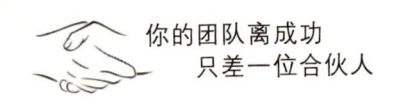

带个相机和记事本，尽可能多地收集信息。调查竞争对手，对比自己的产品、销售人员、展品、宣传资料、顾客评价和展会前的营销策略及其在实施效果方面的差距。

当然，在展会上要想直接了解竞争对手的价格不是那么容易的，因为任何人对价格都非常敏感。但是，通过它们的客户（也可能是你自己的客户）来了解竞争对手的信息情报是非常有效的策略。如在广交会上，当你与外商讨价还价时，哪家公司报的价比你低得多，这正好给你提供了顺藤摸瓜的机会。

(3) 其他方式搜集更多信息

在出口销售工作中，快、准、全的信息情报是争取商机或订单的最有力保证。你报出任何一个价格时，都在有意或无意地利用自己积累的信息情报来做决策。但是，当今的国际贸易更要求你有意识、有组织地进行情报采集。

在实际业务工作中，可通过信息系统获得二手信息；还可通过与竞争对手、供应商和客户直接交谈，获取第一手情报；另外，通过人际网络，与出口销售人员、研究开发人员直接进行交流等也能采集到很有价值的情报。之后，再对得来的数据和信息进行分析。

在明确了谁是主要竞争者并分析了竞争者的优势、劣势和反应模式之后，企业就可决定自己的对策：进攻谁，回避谁，与谁合作。

(1) 比自己强大的竞争对手

比自己强大的竞争对手，有些可能是享有盛誉、地位稳固的行业领导者，如果将其定为进攻目标，无异于以卵击石，还不如主动与其合作。站在巨人的肩上攀登高峰，可以避开其他比自己强大的对手的攻击，专心打造自己的竞争优势。青岛啤酒公司就是这样做的。

在选择战略伙伴时，青岛啤酒为什么衷情于AB公司？"我们把最大的竞争对手变成了最大的合作伙伴。"金志国这样诠释这一"妙招"。青岛啤酒（以下简称青啤）要想成为一个国际大公司，就必须放眼全球市场，进军国际市场。美国安海斯-布希公司（AB公司）是青啤的最大竞争对手。是选择另起炉灶，建设自己的销售网络，还是与AB公司合作，利用它成熟的销售网络？青啤选择了"站在巨人的肩膀上"发展。青啤有自己的主张：建设自己的市场网络，无论规模、实力和经验都将无法与跨国公司相比，与其与群狼共舞，不如借力打力。青啤把最大的竞争对手变成了最大的合作伙伴，来协助青啤进行市场的开拓。2003年4月，青啤与AB公司签订了合作协议，根据协议，青啤向AB公司定向发行总值约1.82亿美元的可换股债券，在7年内，AB公司将债券分三批转换为股权，其在青啤的股份将增至27%。通过这一"战略联盟"，青啤不但拿到了急需的资金，同时也让AB公司的管理、技术、人才等无形资本随着有形资本流动了过来，满足了青啤在超速发展过程中对管理、技术和人才等稀缺资源的需求。

（2）与自己实力相当的竞争对手

有些企业主张进攻与自己实力相当的竞争对手，实际上，这样做很可能会对自己造成不利的影响。

例如，美国博士伦眼镜公司在20世纪70年代末与其他生产隐形眼镜的公司的竞争中大获全胜，导致竞争者完全失败而竞相将企业卖给了竞争力更强的大公司，结果使博士伦公司面对更强大的竞争者，处境变得更加困难。

企业可以选择与自己能够优势互补的对手进行合作，共同开拓市场，共同进攻其他强人的竞争对手。

有一家小咨询公司，由于经济不景气，加之行业门槛低，导致僧多

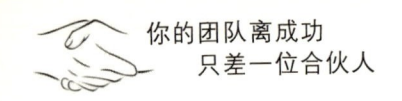

僧多，尽管公司的业务能力还可以，却有点撑不下去了，公司老板成天愁眉苦脸。但仅过了一个月，这家公司的老板便变得志得意满起来。原来，该公司与另外两家同样陷于困境的小咨询公司合作，三家公司拧成一股绳，在业务能力、客户资源和资金实力方面都大为增强，发展势头令人欣喜。

可见，合作是一条帮助企业转弱为强的行之有效的策略。但在联盟的过程中，必须坚持互补和共赢的原则，否则很可能选择一个错误的合作伙伴，或者在合作开始后半途而废。这些都可能给企业造成损害，有时可能是致命的。

(3) 比自己弱小的竞争对手

强弱只是一个相对的概念，弱小的竞争对手也许只是因为成立时间短、进入市场晚、资金不足等原因而暂时弱小，但它可能有技术、人才等优势，这些优势会让它发展强大。攻击弱小对手虽然比较轻松，但获利也小，对自身竞争优势的提高也未必有太大的帮助。因此，企业应该选择那些在某些方面对本企业有帮助的小企业进行合作，这是加强本企业地位的有效途径。

3.判定竞争对手的目标

确认主要竞争者及其策略之后，接下来，我们要考虑的问题是：每一个竞争者在市场上寻求什么？竞争者各种行为的背后所隐藏的动机是什么？

第四章
化敌为友，与竞争对手合作共赢

20世纪70年代末，IBM打算开发16位元（微处理器）的新型个人计算机。比尔·盖茨的微软公司当时还处于创业初期，IBM看中了微软的技术力量，于1980年11月签订了由微软为IBM提供操作系统的合同。虽然IBM对于该项操作系统所提出的要求非常高，但比尔·盖茨还是顺利完成了为IBM开发的项目。1981年8月底，IBM向市场正式推出其新型个人电脑——应用MS-DOS操作系统的IBM PC，很快便在市场上呈现席卷之势。微软公司还相继开发出MS-DOS的升级版本——DOS11、MS-DOS20。

康柏等几十家电脑公司在下游的电脑消费市场争得头破血流；而在上游，却都将眼睛盯着比尔·盖茨：采购他的MS-DOS。这一合作使微软开辟了新的市场，也因此开始腾飞。

一个有用的前提假设是：竞争者在努力追求利润最大化。即使如此，但仍有一些差异，即竞争者所追求的是短期利润还是长期利润。此外，有些企业的做法是追求"满意的"利润，而非"最大的"利润。它们已设定了利润目标，而只要能达成便感满意，即使其他策略的执行可以产生更多的利润。

另一项假设前提是：每一个竞争者由不同权数的目标组合。我们所需要去了解的是，目前在获利力、市场占有率成长、现金流量、技术领导地位、服务领导地位等方面，竞争者所赋予各项目标的相对权数是多少。了解了竞争者目标权数的组合后，我们便可知道竞争者是否满意其目前的财务状况，它会对各种不同的竞争攻击类型做出何种反应等。例如，一个以成本领导地位为主的企业，对于其他竞争者制造技术的突破，往往比遭受广告竞争更令它难以忍受。

日本公司与美国公司对于竞争者所追求的目标的看法，有很大

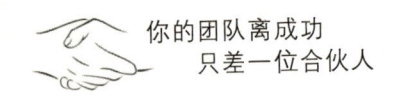

的差异。美国公司通常追求短期利润最大化的目标，原因是其当前的经营业绩深受股东们的重视，一旦业绩不佳，股东失去信心，势必会抛出持有的股票，使公司的资金成本上升。相反，日本厂商大都以扩大市场占有率为目标，它们必须在此资源短缺的国家，提供1亿人口的就业机会。日本公司对利润目标的要求不高，因为大部分的资金来自银行，而银行收取正常的利息费用并非是高风险的高报酬。就此而言，日本厂商的资金成本要比美国厂商的资金成本低，因此，日本厂商可要求较长期的资金回收时间。上述这些结果，造成了日本厂商可以制定较低的价格，并且对建立与渗透市场更有信心。于是，满意于较低利润目标的竞争者，将比对手更有竞争优势。

竞争者的目标形成受到很多因素的影响，包括公司规模、公司历史、目前的管理方式以及经济状况等。如果竞争者是某家大型公司的分公司或事业部，我们就必须先研究它存在的目标是要追求增长，或增加现金，还是只是母公司转嫁利润的避税工具。如果这个事业单位不是母公司企业的重心，那么，我们便可以大胆地向前挑战。

此外，公司还要密切监视竞争者的扩张计划。

4.欣赏对手的品质与人格

有位饲养员非常擅长与动物相处，无论它们多么凶猛，他总是有办法让它们服服帖帖，乖巧无比。人们很羡慕他的本领，又非常好奇他为什么能做到与猛兽和谐共处。一位记者来采访他，他的答案很简单：

第四章
化敌为友，与竞争对手合作共赢

"因为我发自内心地喜欢它们，所以它们也回报我同等的喜爱。"

"难道发自内心地喜爱就能换来与动物的友好相处吗？"记者不相信他的说法，"我很喜欢大型犬，但是一靠近它们，它们就会冲我汪汪大叫。"

这位饲养员笑道："你靠近它们的时候在想什么呢？"

记者想了想，回答说："我总是很担心它们会扑上来咬我。"

"这就对了，你根本就不相信自己能和它们友好相处，在接触它们的时候，首先就产生了恐惧和提防的心理，做好了随时反击逃跑的准备。动物的感觉比人类更敏锐，一旦它们感受到你的恐惧和提防，自然就不会对你产生接纳之心，这样，你当然没法接近它们啊！"

听了饲养员的话，记者恍然大悟。

尊重对手就是尊重你自己，这样不但能赢得对手的尊重与友谊，还能展示你的度量与胸怀。我们要明白一点，或许我们在认识、立场、价值取向上各有不同，或许我们对彼此的生活习惯、行为方式看不顺眼，甚至我们就是水火不容的敌人，但这并不妨碍我们看清楚对手身上的优点和长处，也不影响我们欣赏对手的品质与人格。

球王乔丹在公牛队的时候，有一名叫皮蓬的新秀将他视为自己的劲敌，不但经常和他针锋相对，还时常对他冷嘲热讽，总说自己有实力超越乔丹，乔丹早晚要给自己让路之类的话。

面对皮蓬的敌意，乔丹并没有利用自己的影响力对他进行排挤打击，反而宽容相待，经常在球技上提点他，鼓励他。

有一次，两人在练习场上相遇，乔丹主动问皮蓬："你觉得我们俩谁的三分球投得好？"皮蓬撇了撇嘴说："我知道是你投得好，怎么，你这是要对我炫耀吗？我早晚会超过你的。"

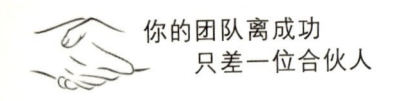

乔丹笑了,"虽然我的三分球成功率是比你高一点,但我认为你投得比我好。"

皮蓬很吃惊地看着乔丹。乔丹解释说:"我仔细观察过,你投球的动作流畅自然,总能把握最好的时机,这是我不具备的天赋。最重要的是,我只习惯用右手投篮,而你左右手都没有问题,以后,你一定能超过我。"

皮蓬被乔丹的直率和真诚所感动,以后再也不对他冷嘲热讽了。

俗话说"伸手不打笑面人",当你决定把对方看成朋友,当你用善意回应对方时,对方的敌意也会像冰雪那样在阳光下消融。请牢记,消灭敌人最好的办法就是让他成为你的朋友。

"如果你握紧两个拳头来找我,"威尔逊总统说,"对不起,我敢保证我的拳头会握得和你的一样紧。但如果你到我这儿来,说:'让我们坐下来一起商量,看看为什么我们彼此意见不同。'那么,不久我们就会发现,我们的分歧其实并不大,我们的看法同多异少。因此,只要我们有耐心相互沟通,我们就能相互理解。"

5.帮助对手也是一种智慧

曾有媒体报道,美国FBI(美国联邦调查局)得到消息,美国可口可乐总公司内部员工偷取可口可乐饮品的样本及机密文件,企图出售给百事可乐。

消息一经公布,迅速在全世界引起震动。大家都知道,可口可乐和

第四章
化敌为友，与竞争对手合作共赢

百事可乐是饮料业中一对水火不容的竞争对手。试想，如果百事可乐拿到了可口可乐的配方，那意味着可口可乐将有可能被迅速击垮。然而，就在人们为可口可乐庆幸，不断追问是谁提供了情报时，可口可乐高层却表示，向公司和有关当局提供情报的其实是百事可乐。这下，人们迷惑了，谁都不明白百事可乐为什么不利用这个机会，扭转在竞争中处于劣势的境况，而非要帮助可口可乐呢？

对此，百事可乐公共关系高级副总裁多林表示："我们只是做了任何负责任的公司都应该做的事。竞争是激烈的，但必须保持公平与合法，我们帮助可口可乐就是为了不让它消失在我们的视线里，它是我们前进的动力！"

只有内心真正强大的人，才会追求公平、公正，才会看重结果，也享受过程。

朱成，上海女孩，2001年从北京大学毕业后，被哈佛大学教育学院以全额奖学金录取。2006年4月，朱成参加了哈佛大学研究生院学生会主席的竞选活动。美国有7位总统毕业于哈佛，其中又有3位总统担任过学生会主席，这一职务向来有"哈佛总统"的美誉。

竞选由各个研究生院推选47名代表参加，环节众多。朱成以其成熟和干练的作风顺利进入了前4名。她的对手是3名美国博士生：哈恩、吉米克和桑斯。

桑斯位列第四，很多人以为他将退出选举，可没想到，他却突然来了个"撒手锏"。5月3日，桑斯召开新闻发布会，对前3名候选人进行了猛烈攻击。他爆出3名竞争对手的个人隐私，而对朱成的攻击是：她在2005年夏天以救助一名南非孤儿为名，侵吞了大量捐款，而那名南非孤儿现在仍然流落在纽约街头。

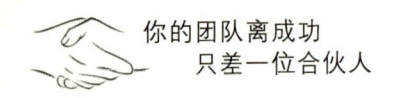

桑斯发布的新闻使哈佛震动，研究生院很多激进组织马上召开集会，要求立即取消3名候选人的资格。

朱成也因此受到了很多选民的质疑，不过幸运的是，谣言很快烟消云散了，因为朱成资助的南非孤儿出面澄清了此事。桑斯被证实有说谎的嫌疑，胜利的天平又倾向了朱成。

而哈恩和吉米克为了报复桑斯先前的"毁灭性打击"，也曝光了桑斯在一家中国超市被警察询问的录像，并怀疑他有偷窃行为。一时间，桑斯百口难辩，这似乎又对朱成有利。

在竞选的最后关头，4个竞选者一起召开了新闻发布会。哈恩、吉米克和桑斯都显得有些沮丧，只有朱成依旧带着端庄的微笑。她走上台说："同学们，我今天想先告诉大家一件事情，就是关于桑斯在超市'行窃'的事。"

她的话让所有人屏住了呼吸，桑斯更是因为惶恐而攥紧了拳头。朱成继续说道："我去中国超市问清了整个事情的经过，事实上，桑斯并不是因为行窃而被警察询问，而是帮助老板抓到了小偷。"

霎时，发布会现场一片哗然。桑斯惊讶地抬头看了看朱成，微张着嘴，想说什么，却欲言又止。哈恩和吉米克则有些沮丧，他们实在不明白朱成为什么要帮助对手澄清丑闻。难道她不明白，一旦他重获清白，就会成为朱成最大的对手？

是呀，谁愿意去帮助自己的对手呢？

朱成的澄清让竞选形势再一次发生了变化。朱成的助理埋怨朱成帮了对手一个大忙，而朱成只是淡淡地笑了笑，说："我只是希望这次竞争能够公平一些，这样赢得的胜利才有意义。"

投票前15分钟，桑斯宣布了自己退出的消息，并且号召自己的支持者把票投给朱成。他说，他无法像朱成那样真诚与宽容，他已经输掉了竞选。如果朱成竞选成功，自己愿意做她的助理，全力协助她在学生会的工作。

2006年6月8日，朱成力挫群雄，以62.7%的支持率成了哈佛学生会主席。这是哈佛300多年历史上第一位中国籍学生担任此职。

帮助对手也是一种智慧。在竞争中，不论是强者还是弱者，都要记住，一定不要让对手离开你的视线，即使要伸出援手也要确保这一点。只有在若即若离中，你才会有危机感和紧迫感，从而激发出你的斗志。

6.伸出你的手，去握对手的手

在日常人际交往的过程中难免会遇到些许摩擦与不快，每当这个时候，你面对问题的态度往往能体现一个人的心胸与度量：心胸狭窄的人选择斤斤计较，因而"失众友"；心胸宽阔的人选择用宽容包容过去，因而"聚众朋"。

想要开创自己的事业，求同存异，团结一切不利于自己的因素或敌对力量，无疑是必须采取的策略之一。

英国首相丘吉尔有一句名言："没有永久的敌人，也没有永久的朋友，有的只是永久的利益。"他一生都在奉行着这句话，在用人上也是如此。

丘吉尔作为保守党的一名议员，历来非常敌视工党的政策纲领，但他执政时却重用了工党领袖艾礼，自由党也有一批人士进入了内阁。

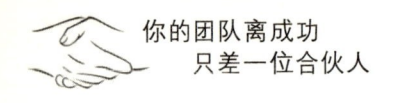

更值得称道的是，他在保守党内部对前首相张伯伦没有以个人恩怨去处理他们的关系。

张伯伦在担任英首相期间，再三阻碍丘吉尔进入内阁，他们政见不同，特别是在对外政策上存在很大的分歧。后来，张伯伦在对政府的信任投票中惨败，社会舆论赞成丘吉尔领导政府。

出人意料的是，丘吉尔在组建政府的过程中，坚持让张伯伦担任下院领袖兼枢密院院长。他认为，保守党在下院占绝大多数席位，张伯伦是他们的领袖，在自己对他们进行了多年的批评和严厉的谴责之后，对张伯伦取而代之，会令他们许多人感到不愉快，接受丘吉尔做首相是他们的无奈选择。为了国家的最高利益，丘吉尔决定留用张伯伦，以赢得这些人的支持。

后来的事实证明，丘吉尔的决策非常英明。当张伯伦意识到自己的绥靖政策给国家带来了巨大灾难时，他没有利用自己在保守党的领袖地位刁难丘吉尔，而是以反法西斯的大局为重，竭尽全力做好自己的分内之事，对丘吉尔起到了极大的配合作用。

当人与人之间争端纷起时，难免要侵犯到彼此的利益，如此一来，大家对于敌方的情绪就会变得越来越恶劣。而能主动伸出手向对手送去祝福的人，就能站立于主动地位而不受制于人。

因为，当你采取主动时，不但能打动对方，甚至会让他误认为你们已"化敌为友"。可是，是敌是友，只有你心里才明白，但你的主动却使对方处于"接招""应战"的被动地位，如果对方不能也"爱"你，那么他将得到"没有器量"之类的评语，一经比较，高低立见。

罗伯特是加州一个水泥厂的老板，由于经营重合同、守信用，所以生意一直很火爆。但前不久，另一位水泥商莱特也进入了加州水泥

第四章
化敌为友，与竞争对手合作共赢

产业。莱特在罗伯特的经销区内定期走访建筑师、承包商，并告诉他们："罗伯特公司的水泥质量不好，公司也不可靠，面临着即将倒闭的危险。"

罗伯特解释说，他并不认为莱特这样四处造谣能够严重伤害他的生意。但这件麻烦事使他非常恼火，谁遇到这样一个没有道德的竞争对手都会愤怒。

"有一个星期天的早晨，"罗伯特说，"牧师讲道的主题是：'要施恩给那些故意跟你为难的人。'我当时把每一个字都记了下来，但也就在那个下午，莱特那家伙使我失去了一份5万吨水泥的订单，但牧师却叫我以德报怨，化敌为友。

"第二天下午，当我安排下周活动的日程表时，我发现住在纽约的一位顾客需要一批数目不小的水泥来建一幢办公大楼，而他所需要的水泥型号不是我公司生产的，却与莱特生产出售的水泥型号相同。同时，我也确信莱特并不知道有这笔生意。"

"我做不成你也别做！"商业竞争的残酷性本来就是你死我活，理所当然应该保密。这是经商之人的普遍心态，更何况莱特还无中生有，四处中伤罗伯特。

但罗伯特的做法却出乎常人的意料。

"这使我感到左右为难。"罗伯特说，"如果遵循牧师的忠告，我应该告诉他这笔生意。但一想到莱特在竞争中所采用的卑劣手段，我就……"

罗伯特的心理斗争开始了。

"最后，牧师的忠告占据了我的心，我想以此事来证明牧师的对错。于是，我拿起电话拨通了莱特办公室的号码。"

我们可以想象莱特拿起话筒瞬间的惊愕与尴尬。

"是的，他难堪得说不出一句话来。我很有礼貌地告诉了他有关纽

99

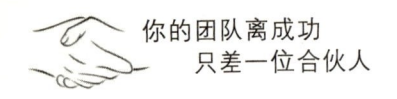

约的那笔生意。"罗伯特说，"有阵子他结结巴巴说不出话来，但很明显，他发自内心地感激我的帮助。我又答应他打电话给那位客户，推荐由他来提供水泥。"

"那结果又如何呢？"有人问。

"喔，我得到了惊人的结果！他不但停止了散布有关我的谣言，还把他无法处理的生意也交给我做。现在，加州所有的水泥生意已经被我俩垄断了。"罗伯特说这些话时有些手舞足蹈。

"不要报复，化敌为友"，无疑是罗伯特在对付莱特这一过程中取得的最宝贵的经验。

在商业竞争中，如将自己的时间和精力浪费在向别人报复的过程中，你只能与成功失之交臂。报复是一把双刃剑，你在伤害对手的同时，也会不可避免地伤及自己，甚至更为厉害。而且，若你选择报复，那就说明你在对手面前已经失去了理智，这样的人又怎能在变幻莫测的商海中审时度势，做出正确的判断呢？你又如何在商海中把握机遇、谋求发展呢？你应该明白的是，你的报复只能将自己降低到对手的水准，抄袭他的战斗方式是不会有好结果的！

对待有小人行径的竞争对手，最好的方法不是澄清谣言，为自己辩解，而是对他置之不理。

当然，如果你有"退一步海阔天空"的胸襟，那你也可以像罗伯特一样，伸出你的手，去握对手的手！此举除了可在某种程度上降低对方对你的敌意，还能避免加深你对对方的敌意。换句话说，为敌为友之间，留下了一条灰色地带，免得敌意鲜明，反而阻挡了自己的去路与退路。

第四章
化敌为友，与竞争对手合作共赢

7.对手就是另一角度上的帮手

敌人的存在可以让我们看清自己，生活中缺少了对手，就好比在大海上航行却失去了罗盘。

势均力敌的对手竞争，一次次的角逐，一次次的成败，都是走向成功的必经之路。因为有了对手，我知道了"以人为镜，可正衣冠"，学会了"取长补短"，明白了对手在自己前进过程中的巨大作用。

梁秉燕和宋淑云都是研究生毕业。宋淑云比梁秉燕早毕业两年，也比梁秉燕早到农业局工作，她出身于书香门第，毕业的大学也比梁秉燕的更有名气。梁秉燕在农村长大，也许是自知起点不高，加上自幼勤奋好学，梁秉燕工作比较认真负责，所以很快就得到了领导的赏识。3年后，梁秉燕被提拔为副处长，而宋淑云仍是普通职员。宋淑云很不服气，多次找领导提意见，但领导始终无动于衷。

随后，宋淑云总是和梁秉燕对着干，还经常在领导面前说梁秉燕的坏话。她总认为梁秉燕和领导有什么私人关系。一年春节后，她问梁秉燕某天下午是不是去给领导送礼了。梁秉燕只是微笑着告诉她自己去看望了导师，但她似乎并不相信。

令人欣慰的是，梁秉燕能从另一个角度看待自己与宋淑云的关系。她认为，正是因为在工作中有宋淑云这样一个时刻监督自己的人，她才会在工作中格外注意，才会在担任副处长不到两年的时间里被评上副高的职称，随后被任命为处长。这段时间里，宋淑云仍然只是普通职员，两年之后，宋淑云才被评上副高的职称。

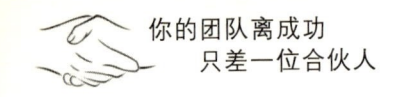

后来，梁秉燕被调到另一个局任职，宋淑云这才发现有梁秉燕这样一个工作上的伙伴对自己是多么重要。她甚至对其他的同事说，梁秉燕其实"很不错"，很希望能再和梁秉燕做同事，还说梁秉燕走了，她找不到对手，工作起来很没劲。当然，梁秉燕也很感谢宋淑云这个对手。是宋淑云的监督让梁秉燕不敢放松，不断进步，取得了骄人的成绩。

我们应该对我们的对手感恩，为他带给我们的成长而感恩，不论是失败还是胜利。

当然，也有人害怕对手。但害怕回避不了现实，不管你是无视对手、否认对手，还是侮辱对手、躲避对手，对手始终存在。而且，越是轻视和躲避，对手成长得越快。

雅典奥运会跳水男子三米板冠军彭勃在赛后接受记者采访时说："我特别感谢两个人，一个是队友王克楠，一个是对手萨乌丁。如果今天没有王克楠到场给我鼓舞，我的金牌就不会拿得这么顺利。我之所以要感谢萨乌丁，是因为没想到他今天发挥得这么出色。他这么大的年龄还那样拼搏，这刺激了我更努力地去比赛。"

对手是压力，也是动力。对手给自己的压力越大，由此而激发出来的动力也就越强。对手之间，是一种对立，也是一种统一。双方相互排斥，又相互依存；相互压制，又相互刺激。尤其是在竞技场上，没有了对手，也就没有了活力。

一个人如果没有对手，就会甘于平庸；一个群体如果没有对手，就会因为在潜移默化中相互依赖而丧失活力和生机；一个行业如果没有对手，就会丧失进取的意志，因为安于现状而逐步走向衰亡。

许多不明白这个道理的人，都把对手视为心腹大患，恨不得马上除之而后快。其实，能有一个强劲的对手是一种福分。他会让你有危机感，让你有竞争力，促使你不得不奋发图强，不得不革故鼎新。

8.主动给自己设立一个"假想敌"

人生，就是一个不断确立目标和实现目标的过程，在这一过程中，每一步的前行都离不开与对手的对决。很多人认为，看一个人的身价，要看他的对手。好的对手可以让你找到自身的不足和差距，让你通过学习弥补自身的欠缺和不足，在不断的摔打和磨砺中完善自己。

姚明说："我们不会选择对手，我们只会见一个打一个，见一个拼一个，打出我们的势气，打出我们国人的精神，全力以赴打好每一场球。我们不选择对手，因为在你选择对手的同时，你已经是别人的对手了。我们不怕对手，因为只有在强大的对手面前，才能激发出你的斗志，使你不断地超越自己。"

王新调到下属子公司做部门负责人，但不知为什么，主管并不欣赏他，总在暗处排挤他，一些他应该参加的活动，总是会被"不小心"地遗漏掉。对此，他感到很恼火。在经过几次收效甚微的沟通之后，他改变了策略，调整好心态，努力完善自己。在主管给自己拉帮结伙的时候，他钻研业务，调研市场，寻找工作中需要完善的地方，充分掌握行业内的最新动态；主管带领一班人马去吃吃喝喝时，他就自己找一个更好的地方独自享受，以排解自己内心的孤寂。

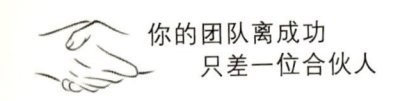

主管分配给他的工作，总是别人挑剩下的，他不生气；主管在他不知情的情况下带着他的下属出差，他不生气；主管在总结工作时故意弱化他的成绩，他不生气。他始终以积极的心态面对挑战，不断进取，不断超越自己。

一年以后，他向总裁提交了一份完善的工作改进计划，得到了总裁的赏识，总裁重用了他，他成为了新的主管。而那位不断给他找麻烦的原主管则因过分注重权术而疏于业务，被迫另谋高就。

后来，王新说，他刚到这个公司时只想做好自己的分内事，但那位主管的举动刺激了他，激发了他想要做得更好的勇气，这才使他有了今天的成就，否则，他只会满足于部门负责人的工作。

当你在人生的旅途上披荆斩棘、艰难前行的时候，其实你并不孤独。同行的除了在你身边陪伴你、保护你的朋友，也有隐藏在暗处、时刻准备给你致命一击的对手。有时候，哪怕你的朋友全部离你而去，你的对手也依旧陪伴在你的身边，用他们的尖牙利爪提醒你，你不是一个人在奋斗。

百事可乐公司创办于1898年，由于经营不善，它只能在市场的边缘求得一点生存空间。斯梯尔上任后，专心聚集所有力量来与雄霸天下的可口可乐竞争。

他先是把市场定位于战后的年轻一代，选用散发青春活力的俊男美女做广告，通过庞大的广告攻势发出"百事可乐：新一代的选择"的口号，宣扬"饮百事可乐，突出你的青春健康形象"。这个广告含沙射影地讽刺拥有百年历史的可口可乐是老古董，配不上美国年轻人四射的活力。

然后，百事可乐又别出心裁地推出不同分量的包装，既可以把一大瓶百事可乐放在家里，全家一起饮用，也可以让年轻人买小瓶的单独享用。而当时的可口可乐始终只有一种分量的包装。

1972年的一天，人们突然在电视广告里看到了这样的画面：百事可乐公司在一些公共场所邀请人们同时饮用可口可乐和百事可乐，在品尝之后，请他们评价两者的味道。结果，因为很多人喜欢吃甜食，所以在没有名牌效应的情况下，大多数人都比较喜欢百事可乐的味道，因为百事可乐比可口可乐略甜。那些参与测试者喜欢百事可乐的神情都被拍摄了下来，并被放到了电视上。斯梯尔采用的这种市场测试法大获成功，后来，这种方法被推广到了世界各地的可乐市场上。

试味道这一招对可口可乐高层的震动很大，他们开始检讨在可乐的味道上是否已经不能符合公众的喜好。基于这方面的考虑，他们决定改变可口可乐的旧配方，把它的甜味提高。

谁知，可口可乐这一反应正中了斯梯尔的圈套。在可口可乐改变配方当天，斯梯尔马上宣布给百事可乐员工一天临时假期以示庆祝，并在美国各大城市的闹市区免费派发百事可乐，搞得这一天像是百事可乐大喜的日子。不但如此，斯梯尔还乘胜追击，推出了一则新广告，广告中先提出了一个问题："为什么可口可乐要改变配方？"然后就是一位靓女在喝了一口百事可乐之后，恍然大悟、面露喜色地说："噢，现在我知道了！"

这一击，百事可乐把可口可乐打得狼狈不堪，可口可乐销量暴跌，而百事可乐销量猛增。

其实，很多可口可乐的支持者几代人都习惯了它原来的味道，并不喜欢百事可乐的甜味，因此，可口可乐改变配方后，对他们来说不止是改变了味道，还改变了他们那种怀旧的情结。所以3个月不到，可口可乐公司又不得不改回老配方。

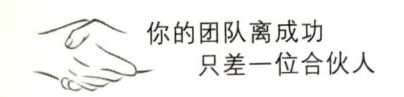

在斯梯尔的领导下，本来奄奄一息的百事可乐公司终于可以和可口可乐分庭抗礼，甚至几乎压倒可口可乐公司。

所以，如果你手里没有一张"对手牌"，你就该主动给自己设立一个对手——也就是假想敌。记住，要像斯梯尔一样始终把最强大的对手作为自己的假想敌，而不是草木皆兵，处处设立假想敌。

记住，假想敌的存在是为了让你不断学习，实现自我提升，而不是让你踩低别人来抬高自己，更不是叫你每天都担惊受怕。

9.不回避竞争，更呼唤合作

现代社会不能回避竞争，但较之竞争，更呼唤合作。

某集团投资千万元招标信息化项目，该项目又包含了一揽子小项目。对于ABC计算机公司来说，这是个千载难逢的好机会。

但要想完整中标该项目，需要ABC公司内的3个业务部门通力合作。出于调动各部门积极性、加强部门之间相互竞争等考虑，ABC公司管理层做出决定：让每个部门单独对项目进行投标，无论哪个部门赢得合同，另外两个部门都被当作分包商。

经过几十次讨论、修改标书、与客户沟通，其中一个部门终于赢得了项目合同。项目的顺利落地让管理层认为这种竞争是有益的。

但4个月后，结果却出乎他们意料。由于存在竞争关系，3个部门之间拒绝沟通，不愿共享信息。为了保证本部门利益，赢得合同的部门

常常将少量的工作外包，没有充分利用其他两个部门的资源，造成项目成本相对较高，甚至出现了停工。

这个例子充分说明了单纯竞争的劣势和合作的必要性。

传统的商业理念过于强调竞争，企业和相关企业之间只是交易和竞争的关系。企业采取的竞争性战略往往是在同一块蛋糕里争夺，这种你死我活的输赢之争，不仅会使企业外部竞争环境恶化，还会使企业错失许多良机。如有的竭尽所能甚至不切实际地在用户面前赞美自己产品的同时，又用尖刻的语言去攻击、诋毁竞争对手；有的在困难时期尚能良好合作，一旦环境改善，就过河拆桥，分道扬镳，只能"共苦"，不能"同甘"；有的片面采用价格战把市场秩序搞乱，以达到"我不行，你也别想出头"的目的。

在网络经济时代，全球一体化使得竞争格局发生了根本变化，企业之间的竞争从追求厂房、设备等有形资产的竞争转向高科技、无形资产的竞争，从价格、质量竞争转向信息、人才竞争。面对技术变更加速和全球化经济竞争日益加剧的严峻挑战，仅靠企业自身的力量来长久地维持其竞争优势并非易事，顺应时代的发展，企业越来越需要为竞争而合作，靠合作来竞争。合作竞争的理念使拥有不同优势的企业在竞争的同时也注重彼此之间的合作，通过优势互补，共同创造一块更大的蛋糕，来实现"双赢"或"群赢"。但从竞争到合作，同样是优胜劣汰的过程，因为谁能在竞争中通过最佳方式获得最佳合作伙伴，从而最大限度地增强自己的竞争力，谁才是市场最后的胜利者。

羰基合成醋酸技术长期被英国BP公司垄断，美国UOP、日本千代田公司和国内的西南化工研究设计院在这一领域的研究各有千秋，经

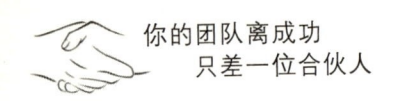

过多次交流考察，3家竞争对手于1998年终于签下了共同开发羰基合成醋酸的合作协议，3个国家的科研人员仅用1年多时间就取得了突破性进展，为实现工业化打下了基础。

竞争与合作是相辅相成、相互平等、互为补益的关系，但由于现今社会竞争现象的普遍出现，对于合作方面，很多人都不太重视。现今社会中，很多人认为竞争就是你死我活，竞争的双方就不能有合作的机会，他们似乎注定是为利益而对立的"冤家"对头。其实，如果要在竞争与合作之间选择，选择合作的人才是聪明人。

松下幸之助说："松下不能缺少的精神就是合作，合作使松下成为一个有战斗力的团队。"

1952年，日本松下电器公司与荷兰飞利浦公司就有关技术合作问题进行了商务谈判。为了保证技术合作项目的效益稳定，松下幸之助对飞利浦公司做了深入细致的调查研究。在调查飞利浦公司一个拥有3000名研究人员的研究所时，松下幸之助发现他们设备精良、技术先进、人才济济，每天都在进行着世界最新技术和最新产品的开发研究。

松下幸之助非常明白，如果依靠自己现在的技术和力量，想要创造一个这样大规模、高水平的研究所，要花上几年的时间，耗用几十亿日元。而如果通过与之合作，便可以充分利用飞利浦公司现有的研究团队和研究技术，何乐而不为呢？

于是，松下幸之助以55万美元作为专利转让费，并且以总付形式一次付清。就这样，通过与飞利浦公司的合作，松下幸之助得到了来自飞利浦公司的技术支持，还有他们的研发技术、理论知识和管理经验等。

虽然这笔相当于2亿日元的技术转让费对松下公司来说是一个相

当沉重的负担。但是，在双方合作期间，松下公司便利、迅速地获得了飞利浦公司最新的技术发展。双方的合作为松下电器公司发展成为驰名全日本乃至全世界的公司打下了坚实的基础。飞利浦公司称雄世界的技术实力，使松下公司最终发展成为世界著名的电子工业公司。

前英特尔公司总裁兼首席行政官安迪·格鲁夫说："一个企业、一个政府以及人类社会的大多数组织活动，不但是由单个人参与的，更是由一定的团队集体行动完成的。"卡耐基说："放弃合作，就等于自动向竞争对手认输。"朗讯CEO陆思博说："合作对于今天的企业而言，就是生命。没有合作精神的员工会对企业极不负责任。"

美国著名财富大亨摩根认为，竞争是无谓的浪费和消耗自身实力的无聊游戏，与其绞尽脑汁地和对手拼个你死我活，不如绕过竞争，与人联合，如此才是繁荣和稳定之道。

在我国经济生活中，有一种"龟兔双赢"理论。

兔子因骄傲在第一次赛跑中失利之后，进行了深刻的反思，并决心和乌龟做第二次较量，乌龟接受了兔子的挑战，结果，这次兔子轻松战胜了乌龟。乌龟很不服气，它主张再赛一次，并由自己安排制定比赛路线和规则，兔子同意了。当兔子遥遥领先乌龟而洋洋自得时，一条长长的河流挡在了面前，这下，兔子犯难了，坐在河边发愁。结果，乌龟慢慢赶了上来，又慢慢地游过河而赢得了比赛。几番大战后，龟兔各有胜负。后来，它们厌倦了这种对抗，最终达成协议，再赛最后一次。这一次人们看到，在陆地上，兔子背着乌龟跑；在水中，乌龟背着兔子游，它们同时到达了终点。

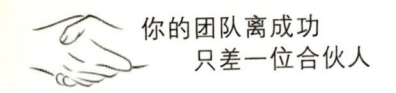

"商场上没有永远的朋友,也没有永远的敌人。"这句蕴含哲理的名言揭示了竞争与合作的辩证关系,竞争不排斥合作。美国商界有句名言:"如果你不能战胜对手,就加入到他们中间去。"现代竞争,不再是"你死我活",而是更高层次的竞争与合作,现代企业追求的不再是"单赢",而是"双赢"和"多赢"。

第五章

高瞻远瞩，不要只顾眼前利益

1.愚者赚今天，智者赚明天

美国商界有句名言，"愚者赚今天，智者赚明天"。这不但包含了"把80%的时间用在考虑企业的明天，20%的时间用来处理今天的日常事务"的含义，还包含了"把80%的利润放在明天去赚，今天只赚20%"的意思。

为了更好地理解后一层的含义，我们先来看一个小故事。

威廉小时候，人们都把他当成傻瓜，常喜欢捉弄他。他们经常将一枚5分硬币和一枚1角硬币扔在他面前，让他任意捡一个，威廉总是捡那个5分的，于是大家都嘲笑他。有一天，一位好心人问他："难道你不知道1角要比5分值钱吗？"威廉说道："当然知道。不过，如果我捡了那个1角的，恐怕他们就再没兴趣扔钱给我捡了。"

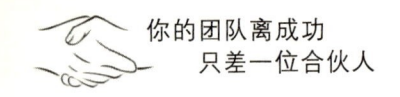

威廉的思维模式就是赚明天而非今天。在当今市场经济竞争日趋激烈的情况下，假如一门心思只想掏客人的口袋而不为其提供优质的服务，此条赚钱之路恐怕是难以走到底的。

商人的眼光决定了商人的未来。同样是商人，眼光不同，境界不同，结果也不同。着眼于明天，不失时机地发掘或改进产品或服务，满足与创造消费者新的需求，企业就能独占鳌头，形成"风景这边独好"的佳境。

19世纪80年代，利马发现一个大油田，因为含炭量高，人们称之为"酸油"。当时没有人能找到一种有效的办法来提炼它，因此只卖15美分一桶。洛克菲勒预见到这种石油总有一天能找到提炼的方法，坚信它的潜在价值是巨大的，所以执意要买下这个油田。

这明显是个吃亏的买卖，所以，这个建议一经提出就遭到了董事会多数人的反对，但洛克菲勒仍然坚持，他说："我认为这件事情不会造成亏损，我将冒个人风险，自己拿出钱去买下这一产品，如果必要，我会拿出200万、300万。"最终，洛克菲勒的决心迫使董事们同意了他的决策。

结果，不到两年，洛克菲勒就找到了炼制这种酸油的方法，油价由15美分一桶涨到了1美元一桶，标准石油公司在那里建造了全世界最大的煤油厂，赢利猛增到几亿美元。

世上没有万无一失的成功之路，动态的市场总带有很大的随机性，各种组合要素往往变幻莫测，今天的财富和荣耀并不意味着明天就能高枕无忧。所以，"赚取明天"的智慧就显得非常难以捉摸，这里面的学问不是一两句话就能概括出来的，但有一个必要条件却是毋庸置疑的，那就是对待金钱的态度，一定要"舍"，舍得，舍得，能舍才能得。

作为一名生意人，要想赚取明天，一些必要的经验和素质是必不可少的。市场瞬息万变，有很多知识、技能，昨天还很管用，转眼就过时了。所以，要想始终立于不败之地，就要懂得借鉴新经验，与时俱进，但更重要的是，能舍得今天的小利，换取明天的大利，这种大智慧也是商人一辈子要学的功课。

2.看似吃亏，实则受益

其实，天上的日月不可能永远盈，也不可能永远亏，天道尚如此，人间更难离这个规律。所以，我们对于盈亏不能过于计较，因为很多时候，看似吃亏，实际上是一个得到补偿的过程。

佛罗里达州有一位农夫，买到了一块非常差的土地，那片地坏得使他既不能种水果，也不能养猪，那里能生长的只有白杨树及响尾蛇。但是他没有因此而沮丧，而是冥思苦想以图改变目前的这种状态，他要把那片地上所有的东西变作一种资产。

很快，他想到了一个好主意，他要利用那些响尾蛇。他的做法使每一个人都很吃惊，因为他开始做响尾蛇肉罐头。他的生意做得非常大。他养的响尾蛇体内所取出来的毒液，运送到各大药厂去做治蛇毒的血清；响尾蛇皮以很高的价钱卖出去做女人的鞋子和皮包。

响尾蛇肉罐头送到全世界各地的顾客手里，有很多人买了印有那个地方照片的明信片，在当地的邮局把它寄了出去。每年来参观他的响尾蛇农场的游客差不多有两万人。为了纪念这位先生，这个村子现在

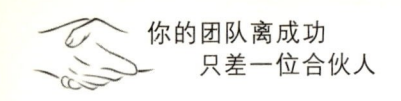

已改名为佛州响尾蛇村。

看了这则故事，谁能说这位农民是吃亏了呢？"福兮祸所倚，祸兮福所伏。"正是因为有了前面的痛苦的"吃亏"，才有了后面的受益。能吃亏的人不会用种种负面的假设去证明自己的正确。"社会太不公正"，"我总是吃亏"，"我处处不如意"，他们在承认自己亏损的前提下，同时想办法改变这一亏损的状况。吃亏不是一种消极、颓废，不是悲观、懦弱，相反，它是一种执着追求的精神，一种为人处世的风格，更是一个人安身立命的永久鞭策。这样的吃亏就是福啊。

有一位广东商人张经理，他在陕西铜川开了一家机电设备公司。

有一次，一个生意上的合作伙伴需要一种电器配件，遗憾的是，张经理找遍了公司的库存都没有找到这种配件。但这位合伙人着急得很，因为拿不到这个配件，他所在的企业就要面临停工，而停工一天的损失高达5万多元。

看到合伙人如此着急，张经理一边安慰，一边承诺一定在一天之内把货搞到。

合伙人刚走，张经理便打的直奔西安供货方。谁知，西安也没货了。没办法，他只好连夜乘飞机回杭州，然后又赶往广东老家。

来回折腾一番后，已经是清晨四五点了。张经理不顾饥饿与疲劳，又在广东联系相关的生产厂家，在连续联系了十几个厂家后，终于找到了这个电器配件。

拿到电器配件后，张经理火速打车直奔机场，连下车看望一下父母的时间都没有。

第二天，当他把货交到合伙人手中时，合伙人感动得无法言语。

这一次，张经理仅交通费就付出了3000多元。从表面上来看，张经理亏了好几千元，但他却得到了合伙人的信任。第二天，合伙人所在的企业敲锣打鼓地送来大匾，还带上了当地媒体来采访张经理，宣传他这种一心想着别人的先进事迹。就这样，张经理宁肯自己吃亏也要助人的消息在业内广泛流传，找他合作的人越来越多，生意自然也越来越红火，这些收获已远非当初那几千元可比。

过于计较，得失心太重，最终的结果只会是舍本逐末。当失误摆在面前，并很快找到教训后，我们应该做的就是迅速将这件事沉淀下来，找到下一个出口。过多地计较会使自己陷入过往的沮丧情绪里，这种情绪会抑制我们的自信，甚至影响我们判断，如果一直这样下去，就正应了那句话："在你错过太阳时，你选择沮丧，那么你又要错过星群了。"因此，承受吃亏也是一种自信的表现。

李嘉诚曾经对他的儿子李泽楷说："和别人合作，假如你拿7分合理，8分也可以，那么拿6分就够了。"

李嘉诚这么说是为了告诉儿子，主动吃亏可以让更多的人愿意和他合作。

想想看，虽然他只拿了6分，但是多了100个合作人，他现在能拿多少个6分？假如拿8分的话，100个人会变成5个人，是亏是赚，一目了然。

李嘉诚一生与很多人有过长期或短期的合作，分手的时候，他总愿意自己少分一点，如果生意做得不理想，他什么也不要，甘愿自己吃亏。这是一种气量。也正是这种风度和气量，才使人乐于和他合作，使他的生意越做越大。所以，李嘉诚的成功更得益于他的恰到好处的处世交友经验。

当下的吃亏未必就是坏事，更多的时候，损失蝇头小利能换得巨额大利。因此，不要为了眼前的一己私利而落入"鼠目寸光"的俗套，在斤斤计较中错过了获取另外收益的机会。

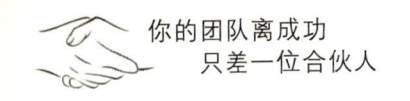

3.既要和气生财，也要当机立断

只有与合作对象或合伙人相处和睦，你们之间的合作关系才能长久。所谓"和气生财"，这对生意者来说是放之四海而皆准的一句话。

有一次，上海星宇鞋业国际贸易部接了一笔来自意大利客商的订单，双方谈好的产品单价为17美元，并签订了购货合同。

当这批货投产时，生产部门一核算成本才发现，由于皮料价格算得过低，这批货基本上没有利润，甚至还会有损失，除非在原价的基础上再加2美元才能避免损失。

该部门的负责人把情况汇报给了星宇鞋业总裁，同时向总裁请示：是否与外商洽谈加价。但总裁却坚决地表示：事后加价是经商大忌，会让对方不高兴，少赚一点没关系，做生意最重要就是以和为贵，这样，以后才好再合作。

意大利客商知道这件事情后，很敬佩星宇鞋业的总裁，主动提出在原价的基础上再增加1美元。但总裁却婉言谢绝了，他表示多赚少赚并不重要，重要的是"和气生财"，双方合作愉快才是最重要的。

对于星宇鞋业的做法，意大利客商非常感动，他当即把原来30多万美元的订单追加到了80多万美元，并表示以后要和星宇鞋业建立长期合作关系。

与人合作，和气生财很重要，但也不能一味纵容。面对一些本质上有问题的人，就要当机立断，停止继续与之合作。如下面三种人，就

第五章
高瞻远瞩，不要只顾眼前利益

绝不能姑息。

（1）眼高手低、耐心不足的人

很多受过良好教育、家庭环境又不错的人，他们没有受过生活的磨难，没有经受过创业的挫折，不懂得创业的艰辛，最容易成为眼高手低、耐心不足的人。

他们不甘心替别人打工，本身贪图享乐，不能从事艰苦复杂的创业工作，看到当老板很神气，出入有轿车，应酬时灯红酒绿、轻歌曼舞，再加上筹措一笔资金也不太困难，于是便有了自己当老板的念头。他们认为，只要有钱，做生意是最简单的事情；只要自己往靠背椅子上一坐，自有手下的人替自己效力卖命。

他们只看到了成功后的享受和荣耀，却看不见创业的艰辛，眼比天高，心比山大。没有合伙之前，说起创业来豪言壮语、信誓旦旦，发誓要干出个名堂来；一旦进入实质性的运作，需要投入艰苦的劳动和长时间的努力时，就没有往日所说的那种干劲了，或是得过且过，贪图享乐，或是工作没有主动性。

（2）好话说尽、食言自肥的人

一些人认为商场就是人骗人的地方，仗着自己有一点小聪明，自以为对商场的人情世故懂得比别人多，总想在与别人的合作中多捞一点，多占一点便宜，对合伙人没有半点诚意。对于这类斤斤计较个人得失的人，绝不能与之合作。

这种人的一大"法宝"就是，凡是对他的利益有帮助的人，他不仅好话说尽，而且在必要的时候也愿意吃亏，以表示他的豪爽、耿直；可是，对于那些不能帮助他的人，他就会换一副面孔，其态度之傲慢、表情之难看、说话之难听，真叫人难以想象。总之，这类人把商场中的坏习气都学到了，如果再有一点表演天赋，喜怒哀乐，学什么像什么，即使是商场老手或社会经验丰富的人，也会被他要得团团转。

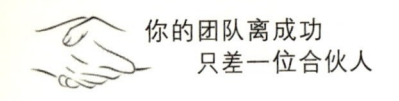

(3) 刚愎自用、自以为是的人

在现在的商场竞争中，刚愎自用、自以为是的人很多，只不过表现的形式有所不同。他们想问题总会以偏概全、以点代面、偏激、固执，与这种人合作实在不是好选择。

一些人自以为比别人聪明，分析力比别人强，听不进不同的意见，总觉得自己的观点与看法是最好的。对于别人的意见或建议，他总是轻易地给予否决，自己又提不出更好的方法，这样的人当然不能与之合伙创业。

4.培养谦虚的合作精神

孔子云："三人行，必有我师焉。"与人合作，借鉴别人的长处来弥补自身的不足，是最有效的自我提高的学习方法。

哲学家爱默生说："一个聪明的人能拜一切人做老师。"任何人身上都有值得我们学习的地方，这个人可以是我们的上司，可以是我们的同事，可以是我们的亲朋好友，也可以是我们的合作伙伴。

因为公司目前国外的货源很好，所以李峻琪想要扩充一下销售员队伍，希望能多一些人去跑客户、进工厂，但合伙人希望他放慢一点，先招一个看看，毕竟这个行业现在的情势还不是很明朗。但李峻琪却坚持认为至少应该招两个。李峻琪是做业务出身的，很清楚业务的重要性，他认为，公司一直以来的问题就是人手不够。公司要走终端用户路线，这是一开始就制订好了的，货源也安排好了，但就是没有人

第五章
高瞻远瞩，不要只顾眼前利益

去走工厂，如今只有招人才能解决问题。而合伙人则更多地从公司的整体来考虑问题，他认为在一个环节上的急进很有可能影响全局，所以建议先招一个人试试看。但李峻琪是个急脾气，一旦自己的意见受到阻碍就会很着急，所以，两人发生了激烈的争吵。

争吵过后，李峻琪想了想，又征询了一下以前的销售经理的意见，似乎开始意识到冷静而客观的合伙人的意见也许更成熟。

李峻琪的个性比较冲动、随性，而合伙人是做技术出身的，冷静慎重，逻辑性强。为此，李峻琪还嘲笑过他没有生活情趣。李峻琪认为工作就需要激情，但合伙人总是说激情很容易消减，做生意更需要持续性。刚开始合作时，李峻琪还有些不适应，但一段时间后，李峻琪发现，两个性格完全不同的人在一起合作正好起到了互补的作用。

李峻琪总是像个战士一样，到处冲锋；而合伙人就像一个军师一样，冷静地观察全局，运筹帷幄。虽然一开始合作时有很多东西要磨合，但双方很快就在这种互补中收获了事业的成功，也在对方身上学到了很多优点。

这次争吵也说明了这个问题，两个人的观点不一源于对市场的分析不同，更深层的原因就是性格的不同，想问题的方法不同，但大家都是为了同一个目的，各自提出不同的见解正好可以从两方面来论证一下这个问题的可行性。

想到这里，李峻琪郁闷的心情缓和了很多，于是，他拿起电话，准备与合伙人好好商量一下这个问题。好在合伙人的火气也已经消了一大半，两个人重新阐述了自己的观点，并最终取得了共识：先招两个人试用一个月，根据具体情况再决定人员的去留。

果然，根据生意的实际需要，一个月后，李峻琪和合伙人达成了留下一个销售员的共识。

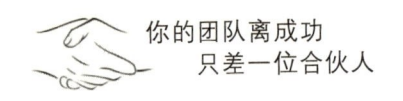

合作能够克服个人力量的不足，合作双方应该相互学习，共同提高，从而使每个人都从中获得进步。加强团结合作是一个集体成功的基石，也是一个人学习成长的好机会。

学习是人们实现成长的主要途径之一，而向别人学习又是学习的一个重要方面。如果不向周围的人学习，那人们自身的成长就会像缺少某种维生素一样缺少营养。

5.蛋糕做得越大，大家分得越多

精明的商人会把市场竞争看作一块蛋糕，并与合作者甚至竞争对手联手做蛋糕。蛋糕做得越大，大家分得也就越多，这样，参与合作的双方都能得到最满意的结果。

夏普公司建立了平面屏幕电视机生产厂，东芝将为夏普液晶电视机提供芯片，作为交换，夏普公司则为其提供液晶电视机产品。自此，东芝公司成为了夏普公司的一个重要客户，也是重要的合作伙伴。

这两家日本技术厂商之间的合作并不仅仅局限于扩大公司在快速增长的液晶电视机市场上的份额。东芝公司打算为夏普公司提供一系列定制化电视机芯片，那些芯片将能够满足高端数字平面屏幕电视机产品工作负载不断增长的需求。

夏普与东芝展开双赢合作，成效显著，在东京股票交易市场上，夏普公司的股票上涨了2.9%，东芝公司的股票也上涨了2.5%，均超过了日经225股票平均指数1.5%的涨幅。这足以说明双方的合作是明智的。

第五章
高瞻远瞩，不要只顾眼前利益

合作为两家企业带来的好处还有很多。在这之前，东芝公司原计划与佳能公司合作推出一款极有前途的平面屏幕电视机技术即SED技术，但后来它与佳能之间的合作遇到了障碍，未能成功。根据与夏普公司的合作交易，东芝公司将从夏普公司处获得一个可靠的大中型液晶屏幕供应源，这样一来，东芝便不用再从其他日本技术公司组建的合资公司那里购买电视机屏幕了。

而对于夏普公司来说，它可以通过这项交易节约数十亿美元的芯片研发成本，然后将充足的资金投资到液晶电视所需的巨型尺寸专业玻璃生产厂的建设上。到2010年，东芝公司液晶电视机所需的屏幕有40%是由它提供的，夏普公司Aquos电视机所需的芯片则有一半左右是由东芝公司生产的。双方公司之间往来交易的规模增加了六七十亿美元。

夏普公司与东芝公司的双赢合作，为其带来了利益上的丰收。

国际性的大企业可以通过合作的方式来实现利益增长，处在创业初期的企业同样可以依靠合作的方式，与合伙人在双赢的基础上实现利润均涨，为企业的未来之路开创更广阔的发展空间。

岑佩岚被誉为"站在富豪背后的女性"，是明日资本创始合伙人之一。自从2000年踏入投资界以来，她一直青睐于与合伙人一起做大"蛋糕"，然后让彼此都能获得可观的利益回报。

岑佩岚做大市场的方法就是广泛地投资，充分地接触市场。岑佩岚在上海投资了服装业，在泰国投资了观光业，在北京投资了文化产业……每一次投资都演绎出了一个精彩的传奇。之后，她又与来自美国的金融大亨合作，共同发起了预计规模将超过2亿美元的资本风险投资基金。

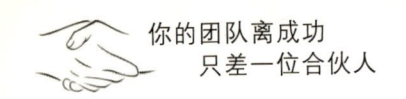

在单个项目上，岑佩岚与每个合伙人的投资规模在1000万~3000万美元，持有20%~30%的股份，但正因为合作伙伴和合作项目众多，所以市场份额是巨大的。通过与合作伙伴们的通力合作，岑佩岚一年的单项收益就达到了五六千万美元。岑佩岚的成功致富，充分说明了合作把市场做大才能分得更多利润的道理。

与人合作做大市场，不仅永远不用担心来自竞争对手的威胁，而且大家的财力将会随着时间和合作伙伴的倍增而一起倍增。但是，伴随着商业利润的激增，接踵而至的就是如何分配这些利润。

利润分配对于企业合伙人之间的长久发展来说，是至关重要的。利润的分配常常会受到来自各方面的影响，在利润为增值的时候，企业利润这块蛋糕还是比较好分的，但也不能排除会出现利润下滑的情况，所以要充分考虑到分配利益时的各种问题。

利润蛋糕的分配应该根据分配者对蛋糕制成的贡献大小进行分配，在拿掉固定的那一部分之后，剩下的按照一定比例分配下去，比例的大小由工作的重要因素进行计算。

还有一种预期分配利益的方式：在"蛋糕"未制作成前，大家先对分工达成共识，然后根据工作的多少实行类似"招标"的方式。其实，这也是一种协议式的分配。举例说明，比如要盖一幢房子，砌砖与和灰的报酬就不一样，做之前可以给分配者选择的机会，他要做什么，什么时间做完，完成不了扣奖金，提前完成了休息，这些都要事先协商好。这么做的优点在于：第一，可以充分发挥个人的能力，并且内部竞争的存在会使大家努力学习；第二，所得是透明化的，而且大家可以互相监督；第三，责任明确，大家没有机会互相推委责任；第四，有利于考核并发现员工的能力大小。

合作永远能为我们带来"众人拾柴火焰高"的局面，尤其是希望在商业竞争中取得更多利润的企业管理者，以合作双赢的方式来实现利润均涨的目的，无疑是最佳的选择。

6.互惠互利是合伙人相处的基础

竞争与合作、投入与产出是合伙人相处时接触最多也是最难处理的关系，处理不好就很容易导致企业经营失败。

互惠互利就是合伙人相处的基础。在一定历史阶段，合伙企业存则合伙人的事业存，合伙企业亡则合伙人的事业亡。因此，合伙人在经营中要注重合伙企业的整体利益，注意处理好与其他合伙人的利益关系。

1993年的美国，当时酒店业正处于非常困难的发展阶段。这主要是因为20世纪80年代后期，酒店业过度发展使得房间资源出现了严重过剩，以至于到了90年代早期，经济的持续衰退最终造成了酒店业进退两难的局面。

然而，在卡斯洛克酒店工作的人是幸运的。那个年代，美国掀起了一股投资热，这种盲目的投资使得许多公司陷入了困难重重的境地。卡斯洛克集团一直以谨慎保守的战略在业界享有盛誉，所以它并没有卷入这场近乎疯狂的投资热。当其他酒店同行舔舐着自己的伤口时，卡斯洛克酒店已经着手准备迎接即将到来的经济稳定增长期，希望能好好利用正在不断改善的商业气候。

卡斯洛克酒店一直在寻找能够提升自己经营状况的创业商机，但直

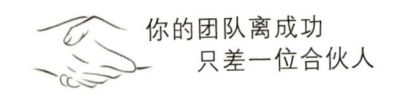

到1993年，这个创业商机才出现。

美国西岸的海滩跟其他的沙滩不一样，生长着一种红色的植物，非常美丽。当地政府在海滩上建了一个十分重要的会议中心，后经过翻修，其面积扩大了一倍，这个海滩也变得更加繁荣起来。但是，由于缺少高档次的大酒店，参会者没有合适的地方入住，因此这座会议中心未被充分使用，并且为了维护其设施，当地政府每年都要花费上百万美元。

这种状况持续了很长时间。由于经济的不景气，没有公司愿意在这个海滩全力发展自己的酒店业，除了卡斯洛克酒店。当时，这个海滩所在的海滨城市正在寻找商业伙伴新建一个高档酒店，主要针对高消费群体。卡斯洛克酒店便借机与当地政府结成商业合作伙伴关系，来共商城市发展大计，并很快在会议中心附近建起了一座拥有600个房间的豪华酒店。

卡斯洛克酒店看准了与当地政府的合作能为自己带来新的发展契机，因为政府职能正是自己所缺少的核心竞争力；同样，当地政府也是因为欣赏卡斯洛克酒店不同于其他酒店的核心竞争力，认为与之合作能为当地带来新发展，所以才接受了卡斯洛克酒店的竞标。

当地政府与卡斯洛克酒店的核心竞争力究竟是什么呢？

因为当时酒店业持续的衰退使修建酒店的资金难以到位，没有人愿意独自承担这个巨大的工程和投资风险。这时候，只有市政府能够采取一系列激励措施来加强个人与公共部门之间的合作，包括减税、降低贷款利息在内的措施，让投资者大大降低成本，使这个项目更加有利可图。

而卡斯洛克酒店的优势就是悠久的历史。卡斯洛克酒店的发展由来已久，20世纪50年代，卡斯洛克酒店白手起家，在美国一个著名的海港附近修建了第一家酒店，从此享誉全美。这家位于海滨胜地的酒店拥有400个大房间，是20世纪50年代最具现代主义风格的建筑代表，这也正是此次合作中，当地政府最需要的核心竞争力。

合作达成后，新落成的酒店为这个海滩和卡斯洛克酒店带来了前所未有的新局面。

每一个合伙人作为独立存在的个体，都有自身的个人利益，在管理决策上又有个人的观点和意见，不可能与其他人完全一致，有冲突是很正常的。简而言之，任何一个合伙人在经营合伙企业时，大家的脑海中都必定思索过关于"利益"这一问题，而如何做到互惠互利，也一定困扰过许多人。

要知道，纯粹讲整体的利益，讲合伙人应该如何维护别人的利益，先人后己，是非常不现实的，因为作为商业合伙人，谋利乃是其本质。他们不是慈善家，不可能只讲求利人而忘了自己，如果一定要他们这样做，必然会压抑他们的创造性与积极性。

当然，也要杜绝走向另一个极端，即过分看重个人所得。如果在合伙企业中，合伙人只讲个人利益，只想着个人如何争权夺利，合伙企业迟早会被搞垮。要想为企业带来源源不断的收益，合伙人之间就应该友好地相处，要在彼此的利益之间保持适度的平衡，做到互惠互利。

有许多合伙人之间关系紧张的原因都是双方在利益分配上自觉不自觉地站在了彼此对立的角度上。他们认为"利润"只有这么多，你多分了一点，我必然就要少分一点。于是，双方在利润分配上便产生了一种斗争性，甚至到了锱铢必较的程度。如果你陷入了这一误区，你与合伙人之间的关系必然会陷入紧张，大家在合伙经营中想的都是自己的利益，相互很难友好相处。

其实，只要静下心来想一想，就会发现这种观点是多么的狭隘。只

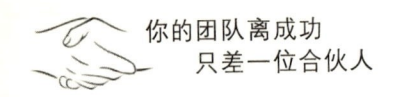

要合伙人之间能够互惠互利，维系良好的合作关系，长久地合作下去，企业必定能得到更大的发展，收获更大的利益。到那时，还怕没有利益可分吗？

所以，你要记住一个道理：合伙人的利益就是你的利益，只有通过合伙企业的发展，才能实现个人的发展。坚持与合伙人互惠互利，定能为企业带来滚滚财源，个人的收益自然也会不断增加。

第六章

留住员工，
等于留住公司的金牌合伙人

1.有效的薪酬激励是管理核心

有一家企业，原本发展前景非常广阔。老板很有商业头脑，投资意识强，企业进军了医药领域，兼并了一家制药企业，开始生产自主的药品。于是就有了专门为制药服务的员工，他们在前期老板资金投入很足的情况下很卖力地工作，产品在市场上形成了产销两旺的局面。

可是，由于企业老板投资的多元化，后来企业的大部分资金都用在了其他的项目建设上，使制药公司的资金出现了捉襟见肘的情况。紧接着，由于其他项目运作不成功，占用了大量的资金，导致制药公司生产、研发与营销方面的投入更加吃紧。为了缓解经济压力，制药公司内部开始实行"紧缩银根"的措施，不仅员工们的工资降了，连产品研发费用的投入也大大缩减。

虽然老板一再跟员工强调，公司的情况一好转，就会加大资金投入

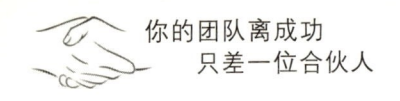

并给员工加薪，增加福利，但这种空洞的说辞并不能安抚公司内动摇的军心。因为看不到希望，一部分员工等不及，就纷纷离职。

企业陷入困难时，员工很容易舍弃企业。企业应让员工真正感觉到，企业的发展与个人价值的体现密切相关，企业效益的提升应为员工带来很好的福利待遇。这样才能给予员工物质上的满足感，从而充分调动起员工的积极性和主动性。

激励是管理的核心，而薪酬激励又是企业目前普遍采用的一种激励手段，因为相对于内在激励，这种激励手段更容易控制，而且也较容易衡量使用效果。

欧莱雅作为全球最大的化妆品公司，是如何运用激励机制来扶持人才、留住人才的呢？

首先，股权。股权是一种很重要的激励方式，得到股权奖励的员工意味着将有更多的机会在海外从事工作或培训。其次，年终浮动奖金、利润分享。在薪资方面，欧莱雅为员工提供在行业中位于中上水平、富有竞争力的薪资。在每年年底，欧莱雅公司都会根据员工的业绩表现为员工提供相应的奖励，奖金的幅度完全与业绩挂钩，表现越突出，奖金自然也就越多，表现差的员工甚至连奖金都拿不到。同时，每年公司还有利润分享计划，拿出一定比例的收益与每一位欧莱雅员工分享。

当员工通过努力取得成就时，领导者若能通过激励机制给予公平、及时的肯定，就能对员工起到很大的鼓励作用，促使他们取得更高的业绩，实现更大的梦想。因为无论是领导者还是员工，使一个组织机构运转的都是人，以人为本的工作氛围能使组织的管理方式更人性化。

如果领导者能将这种组织氛围营造出来,对于员工融入组织会产生非常积极的作用。

虽然薪酬是企业管理人力资源的有效手段,但由于薪酬会直接影响到员工的工作情绪,使用不好会造成负面影响,所以,每个公司构建薪酬体系时都应慎重,这也是企业制定激励机制的共识。

所谓有效的薪酬激励,只是相对于传统的利用工资、金钱等外在的物质因素来促使员工完成企业工作目标而言的,它更多地从尊重员工的"能力""愿望""个人决策"和"自主选择"角度出发,从而能更好地创造员工个人与企业利益的"一体化"氛围。

有效的薪酬激励是由以下几个要素构成的:

(1) 基于岗位的技能工资制

基于岗位的技能工资制是岗位工资体系上的创新,形成一种强调个人知识水平和技能,推动员工通过个人素质的提高实现工资增长的工资体系。不同于岗位工资体系单纯根据岗位本身的特征来决定岗位承担者的工资额,技能工资制将岗位承担者所负责的工作内容和完成工作时能力发挥的程度作为工资多少的关键因素。在这种工资体系下,公司对知识水平高、能力强的员工的吸引力会大大加强,同时也减少了这类员工从公司流失的可能性;另一方面,也可以激励员工不断提高自身的能力,最终为企业做出更大的贡献。

(2) 灵活的奖金制度

奖金作为薪酬的一部分,相对于工资而言,主要目的是能在员工为公司做出额外贡献时给予激励。但国内大部分企业奖金在相当程度上已经失去了奖励的意义,变成了固定的附加工资。

美国通用电气在研究了奖金发放中的利弊后,建立起了奖金制度。为了体现奖金发放的灵活性,他们特别遵循了以下原则:

第一,割断奖金与权利之间的"脐带"。通用电气废除了奖金多寡

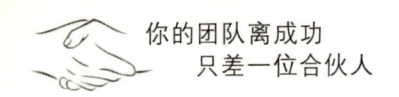

与职位高低联系的旧做法，使奖金的发放与职位高低脱离，给人们更多的不需提高职位而增加报酬的机会，让奖金真正起到激励先进的作用，也防止高层领导放松工作、不劳而获的官僚作风。

第二，奖金可逆性。不把奖金固定化，否则员工会把奖金看作理所当然，"奖金"也就沦为了一种"额外工资"，起不到奖金的作用。通用电气根据员工表现的变化随时调整奖金数额，让员工有成就感，更有危机感，从而鞭策员工做好本职工作，长期不懈。

(3) 自助式福利体系

在兼顾公平的前提下，员工所享有的福利和工作业绩密切相连。不同的部门有不同的业绩评估体系，员工定期的绩效评估结果决定福利的档次差距，其目的在于激励广大员工力争上游，从体制上杜绝福利平均的弊端。

比如上海贝尔公司的自助福利体系就颇有特色。公司坚持以人为本的经营战略，就福利政策而言，员工会得到其应有的部分。但一切需要员工去努力争取，一切取决于员工对公司的贡献。

公司还为员工提供个性化的福利政策，在员工福利设立方面加以创新，改变以前员工无权决定自己福利的状况，给员工一定选择的余地。如将购房和购车专项贷款额度累加合一，员工可以自由选择是购车还是购房。一旦员工在某种程度上拥有对自己福利形式的发言权，他们的工作满意度和对公司的忠诚度就会得到提升，同时也能提高公司用于福利开支的资金的使用效率。

2.设置适当的目标，激发下属的内在动力

领导者给下属设置适当的目标，激发下属的内在动力，最后达到调动人的积极性的目的，称为目标激励。这在心理学上通常称为"诱因"，比如望梅止渴中的"杨梅"就是一个诱因，诱导士兵们充满遐想和期待。一般来讲，诱因越有吸引力，给人的激励性就越大，下属行动的干劲就越大，实现的可能性也就越大。

因此，管理者给下属设定的目标要合理、可行，要与个体的切身利益密切相关。

联想集团的目标激励在不同时期有不同的做法。这种变化尤其体现在对不同激励对象所选择的不同目标上。

第一代联想人全是中国科学院计算所的科研人员，他们的年龄在40岁至50岁。和同龄的中国知识分子一样，他们富有学识但自感得不到施展，一面是看着国家落后，一面是自己不能更好地为国家做一点事。所以，这批人的精神要求很高，他们办公司的目的一半是忧国家之忧，另一半是为了证明自己拥有的知识能够变成财富。这种要求对于他们尤其重要，办公司是他们证明自己价值的最后机会。他们对物质的要求不太多，旧体制下他们的收入不足200元，当公司每月能够提供400多元薪水的时候，他们就很知足了。

因此，联想在这一时期的激励也体现出了事业目标激励、集体主义精神培养、物质分配的基本满足这些特点。公司初创时期只有100多人，在研究所时彼此相识相知，对旧体制弊端都有共同的感受，因此很容

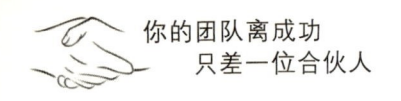

易在未来的事业目标上达成高度一致。如今依然在联想影响很大的一些思想和价值观都是在这一时期形成的。

初期的联想给员工最多和最大的激励是他们的事业、理想和目标。

从20世纪80年代末开始,联想的情况有了一些新的变化,变化的原因来自于新员工的大量加入。

到1991年的时候,联想北京总部已有600多名员工,其中50%～60%的员工到联想以前与中国科学院没有任何关系。他们和老一代联想人在价值观方面有着一定的差别。比如,新一代联想人在荣誉感方面也承认集体主义,但更多的还是要突出个人的价值,而不像老一代联想人那样为了集体的荣誉宁愿牺牲自己。此外,从当时的社会特点来看,也有几个明显的变化:一是人才流动已成为一种普遍的社会现象,人们"从一而终"的职业观念开始动摇,"人往高处走,水往低处流",有一技之长的人大多在不断寻找适合自己的企业和岗位;二是大量流动的人才除去实现自我价值的理想以外,还有更明确的物质要求,这其中包括工资、福利和住房。

这种种变化给联想的目标激励提出了新的课题。新一代联想人承认集体的作用,但很难做到像老一代联想人那样甘愿做一颗默默无闻的螺丝钉。他们强调自己与众不同的价值,必须在工作中明显表现自己的作用,如果在这个方面不能使其满意,就可能给联想的管理带来麻烦。

另外,新一代联想人显然对事业和理想的追求与老一代联想人一样强烈,在他们看来,这完全是必要的,他们的工作值多少钱,企业就应该给他们多少钱。企业如果要求他们提高觉悟,在物质方面完全向老一代联想人学习,他们便可能认为这是愚昧。

联想员工薪水收入的大幅度提高是在1990年以后,这其中涉及的原因很多,一是国家物价水平上涨,二是联想自身积累的高速成长,还有一个很重要的原因就是员工对激励要求的变化。

此外，公司在福利方面也有了突出的变化，例如仅商品房一项，1991年至1995年为员工解决的住房就有200多套。30岁出头的联想骨干绝大多数都能享有三室一厅的住房，这在北京已足以令人羡慕。员工每年还可以有10天的带薪休假。

实施目标激励时要注意到以下几点内容：

第一，应该通过企业目标来激发员工的理想和信念，并使二者融为一体。

第二，使员工具体地了解企业的事业会有多大发展，企业的效益会有多大提高，相应地，员工的工资奖金、福利待遇会有多大改善，个人活动的舞台会有多少扩展，从而激发出员工强烈的归属意识和积极的工作热情。

第三，企业应该将自己的长远目标、近期目标广泛地进行宣传，以做到家喻户晓，让全体员工看到自己工作的巨大社会意义和光明的前途，从而激发他们强烈的事业心和使命感。

第四，在进行目标激励时，要把组织目标与个人目标结合起来，宣传企业目标与个人目标的一致性，企业目标中包含着员工的个人目标，员工只有在完成企业目标的过程中才能实现其个人目标。

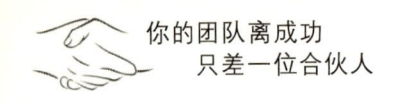

3.为员工提供公正公平的竞争舞台

在一个组织内部,竞争是一种客观存在,在正确思想的指导下,这种内部竞争对调动组织成员的积极性有重大意义:它能增强组织成员的心理内聚力,激发组织成员的积极性,从而提高工作效率;它还能增强组织成员的智力效应,使组织成员的注意力集中、记忆状态良好、想象力丰富、思维敏捷、操作能力提高;此外,它还能缓和组织内部的矛盾,增强组织成员的集体荣誉感。

因此,作为企业管理者,很有必要将这种竞争引入企业内部,使之成为激励员工的一种手段。

美国通用公司是率先提出内部竞争的企业,其董事长兼CEO杰克·韦尔奇说:"我鼓励员工在工作上相互竞争,但不要有个人恩怨。我们的做法是将奖赏分成两个部分,一部分用于奖励员工在自己的业务部门的表现,另一部分用于奖励员工对整个公司发展的贡献。"当韦尔奇成为通用汽车的CEO时,竞争对手福特公司拥有美国汽车市场60%的份额,而通用则面临破产的危险。韦尔奇立即着手进行汽车的市场细分,例如将雪佛兰定位为大众车,而将凯迪拉克定位为豪华车,激励内部竞争,从而使通用汽车成功脱离了险境,并且获得了极大的发展。

管理者要想成功实施竞争激励法,必须为员工提供公正、公平的竞争机会,力求让每个员工都能尽情展现自我才能。对于在竞争中脱颖而出的员工，管理者要及时给予他们"胜利的果实"，例如晋级、加薪等；对于在竞争中暂时落后的员工，也要及时给他们打气，并给予他们合理的指导或沟通，这样才能激起他们继续前进的勇气和"这次不行，下次再来"的进取心态，从而实现企业内部所有员工的全面进步。这就是竞争激励的终极目标，也是竞争激励的核心所在。

美国一家大型企业集团为了提高员工的积极性，采取了一种很有特色的激励方法：在员工内部进行评比，给评比优异者发一块"好家伙"的奖章，上面有公司老总的亲笔签名。员工每获得5块"好家伙"的奖章，就可以得到一个更高的奖励——晋升和加薪。颁发"好家伙"奖章时，公司不会刻意安排专门的场合，授奖仪式也很简单：当颁奖的经理走进公司大厅并按响门铃时，所有员工会立即停下手头的工作，从各自的办公室走出来，然后由这位经理宣布"好家伙"的获得者："本人谨代表公司宣布，向××颁发'好家伙'奖章一枚，以表彰他在工作中做出的突出成绩。"大家热烈鼓掌，受奖人在掌声中接过奖章，仪式就此结束。

"好家伙"这个奖章名称不仅显得亲切，而且略带幽默感，加上整个颁奖过程比较简单，所以员工们不会很看重这个仪式，但却异常在乎这枚奖章，因为它代表了公司对自己工作的认可和肯定。事实上，这家公司不仅普通员工渴望获得"好家伙"奖章，高级管理层也同样热衷于获得"好家伙"奖章。因此，每位员工都努力工作，奋力争先，以求得到该奖章。一位新晋升的公司副总裁在布置他的办公室时，郑重其事地将他的第5枚"好家伙"奖章钉在墙上，望着下属，他有点不好意思地说："看惯了'好家伙'，不挂起来就感觉挺不自在。"

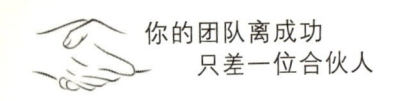

著名管理学家利昂·弗斯廷格认为，追求成功和满足是人的一种本能，但是人们通常不是用绝对标准来衡量自己的成绩，而是想方设法、竭尽全力去和别人进行比较。所以说，鼓励内部竞争会给员工带来压力，进而产生激励作用，使员工更加积极努力。

4.权力下放，激发潜能

在现实中，影响团队成员潜能发挥的一个因素就是，大多数团队领导者都不太相信他们的部属能把事情做得和他们一样好。也是因为这一点，所以授权在实际工作中总夹杂着拖泥带水和不信任。这也情有可原，因为权力和责任密不可分，一旦工作出现差错，团队领导者往往难辞其咎。可是，如果不能成功授权，不能给团队成员必要的、充分的权力，他们做起事来就会束手束脚，以至于任务不能顺利完成，从而影响到工作的积极性，破坏团队凝聚力。

毫无疑问，一个团队如果想要实施创新策略，团队成员的全力支持与参与是必不可少的。美国DLJ公司总裁卡斯尔指出，一个团队的座右铭应该是："一个选择得当、训练有素和得到支持的人，特别是有着奉献精神的人，充满着无限的创造力。"团队必须鼓励每一个成员都来参与，而要实现这个目标，就应以团队为中心进行充分授权。

DLJ公司是华尔街上的优秀先锋，在那场史无前例的金融危机中，DLJ公司因内部机制不完善，而一度被推入沼泽之中。正如卡斯尔所说："当公司的复杂性和可变性增长的时候，我们没有建立起必要的管理制度来对待创造力、个人自由发展和专业人员的创新所带来的新问题。"知道了问题的症结在哪里后，DLJ公司立即采取措施，重视每一个员工的创造力，并且充分发挥授权制胜的威力，想尽一切办法来激发员工的潜力和积极性，发挥组织的凝聚力，与大家一起共渡难关。

在授权中，DLJ的秘诀是将责任和权力分派给别人，为管理者节省时间去为未来做规划和准备。DLJ对此有一个形象的比喻：授权就像教练在指导球员。好的教练不会追着球跑，那是球员的事；他也不用传授技巧，那有助理代劳。最佳教练专注的是发展策略。同时，每一位球员的态度都是一样的，即我是胜利者，我不仅能解决这些难题，我还能变得更强、更好。

的确如此，在不到5年的时间里，DLJ公司就完全摆脱了金融危机的打击，利润增加了100%以上。

实际上，不敢轻易授权的团队领导者不是未能充分了解授权的真谛，就是未能正确授权。授权的重点不在于谁的能力比谁好，而在于谁有精力去做比较重要的工作。

授权不但可帮助团队成员成长，对授权者也大有裨益。所以，作为一个团队领导者，你应该让被授权者成为明星，自豪地把他介绍给你的主管、同事和其他共事的人，要让大家知道你已经授权给这个人，他能全权处理任何问题；同时，可强调被授权者的权力，再次提醒被授权者的职权范围，并使他更有自信。这是激发员工潜能和打造团队凝聚力的良方。

卡斯尔认为，下面几项措施可以实现有效授权，鼓励大家参与议事：

（1）集思广益，表彰先进，慧眼识人

也就是说，要善于倾听员工的意见，帮助大家借鉴成功的经验和失

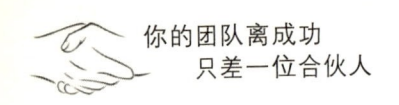

败的教训,并互相交流。表彰先进时,不仅要表扬做出重大贡献的人,也要表扬做出小贡献的人。

(2) 注重人才的吸收

不仅要吸收技术能手,还要吸收那些适合在团队中工作的、敬业而富有创造力的人。

(3) 重视人才培训和人才选拔

人才是最宝贵的资源,所以,在工作中要认真对待他们。培训可以使他们发挥最大的能力。同时,除了技术培训外,公司还要努力把他们培养成社会需要的人,只有这样,他们的价值观才能与公司保持一致。而这正是团队凝聚力之所在。而且,员工会因培训而逐步认识到创新的重要性,也会逐渐明白自己在创新方面可以做些什么。

(4) 管理者要为员工提供安全感

如做出就业保证、规定工作做到何种程度员工就可升职等。要在不断变化的环境中做到这一点,就必须精心计划,同时还要靠全体员工的灵活性。

有关授权,还需注意一点:一旦进行授权,自己就会面临更多的挑战,承担更多的责任;同时,管理者也要帮助下属成长。授权要成功,确实要事前充分准备,同时,参与者也要有共同承担风险的勇气和决心。

另外,授权对于增强团队凝聚力的作用还可以从授权对于培养团队成员整体搭配方面的作用中有所体现。作为团队领导者,只有授权才可以让团队成员在实践中锻炼整体搭配能力和自我调节能力,从而使团队获得高于个人力量的团队智慧,随时都能创造出不可思议的团队绩效。

5.比物质更有效的精神激励

一直以来，激励是管理范畴的一个热门话题。德鲁克认为：管理就是界定企业的使命，并激励和组织人力资源去完成。有的管理者认为，管理就是激励。

尤其是进入21世纪后，随着80后、90后新人成为就业大军中的主体，这些生长在改革开放、物质产品比较丰富年代的年轻人，关于他们的激励是否有些合适的方法？为什么员工"工作条件越来越好，内心的动力却越来越小"？

在任何竞技比赛中，每个人都想赢，那是一种强大的内在动机。

做任何事业工作时，每个人都想成，那是一股强烈的内心意愿。

没有人甘心落后，没有人愿意失败，为了比周围的人更出色，为了让周围的人认可自己，要舍得付出辛劳，加倍努力，这本身就是一种需求，对成就感的需求，而不仅仅是为了钱。马斯洛的需求理论认为，人的最高需求是实现个人价值。心理学家赫兹伯格说，钱只是保健因子，而不是激励因子。

那么，比钱更重要、更有效的员工激励有哪些呢？

（1）开诚布公的沟通

高诚信的企业会对员工毫无保留地公开公司的业绩情况，解释公司在经营管理及人力资源管理方面的一些基本政策，鼓励员工主动参与信息分享，同时无差别地公布包括坏消息在内的新闻并向员工坦承地承认在经营管理上的一些失误。

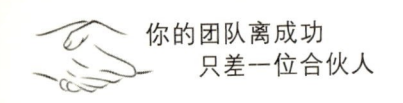

两年前，一家咨询公司的总裁罗斯制订了一个长期的奖金计划以激励公司1500名雇员中2/3的员工，他精确地计算了每一位员工在年终的时候将会拿到的奖金数量，并设定了一个上浮尺度，然后把这个奖金的分配方案和员工进行了沟通。但由于互联网经济的破灭，公司业绩没有达到预期目标，奖金计划大打折扣，只能发出计划中的40%。

为了挽救这一严峻形势，罗斯和公司的其他高管花了2周时间到40个城市的分公司和员工见面，亲自向员工解释发生的事情并承认管理层在项目制订上的失误。

最后，高管层取得了绝大多数员工的理解和支持，问题得以化解。

(2) 与员工分享福利

过去的几年里，不少企业已经认识到：大部分员工对自己的切身经济利益不是很敏感。为了改变这种状况，提升员工对利益的关注程度，一些企业开始推行一种年度的"总额奖励计划"，以此和每一个员工的报酬进行沟通，包括工资、体检和伤残福利、退休金等。

意料不到的效果是，推行这种计划的企业大幅度提高了员工对公司的信任度。真正原因并不是很清楚，但一种可能是，这些企业的员工认为管理层对他们有更为深入的理解及支持并为他们做了很多工作。

5年前，苏珊作为团队主管加入了一家外贸公司，当时该公司的员工信任度一度滑至低点。为了改变这一现象，苏珊实施了一个公开的政策：她对公司的雇员进行了遍访并和他们进行了非正式的交流，之后将注意力放在赖以支持HR（人力资源）部门运转的HR系统方面，如报酬、赔偿及健康福利，并和员工讨论为公司付出的收益及可能得到的全年性的报酬。比如，一个员工因为家庭原因需要一笔数目不小的贷款，另一个员工需要健康咨询等。慢慢地，当员工的需求与企业的福利计划结合，在HR部门的推动下变得清晰的时候，信任开始在企业内部重新构建了起来。

(3) 让员工与闻公司决策

为了构建一个高信任度的组织，管理层必须寻求员工不信任企业的原因以提高员工士气。

麦子是上海一家战略咨询公司的合伙人，两年前，她服务的一个制造厂有5000名雇员，但产品质量和客户服务很差，员工士气降到了低点，员工对公司的信任基本没有。

"我们的第一步是和员工坐下来沟通，了解问题的根源以及员工为什么会认为管理层不可信。"麦子说。人力资源部发现，员工对管理层的晋升感到厌倦，因为管理层对提供给工人的工具或为提高产品质量的权限非常有限。

在麦子的建议下，员工向高管层提供了改善工厂管理和促进组织变革的一些建议。工厂管理层不仅执行了这几条建议，还积极向员工反馈了执行后的变化情况。对此，麦子解释说："仅是从员工那里寻求建议是不够的，你必须告诉员工高管层采纳了哪些建议及取得了哪些效果，而不能简单地假定员工会留意这些变化。"

根据麦子的介绍，倾听员工的建议对改善工厂的信任度发挥了很大作用，很快达成了节减成本的目标，产品质量提升70%，准时交货率上升了40%。

(4) 让员工为其表现负责

高信任度的企业得到的回报是员工高绩效的工作，这种环境对低绩

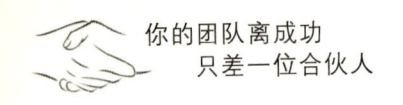

效的员工是一种培训，仍不合格的就会被自动淘汰。

几年前，小陈在一家培训公司人力资源部任职，该公司的高管层正备受性骚扰丑闻的困扰——每个员工都知道这些事情。"人力资源部的建议是劝这些高层都离职。"小陈说，"然而老板不倾向于这种解决办法，但很明显，员工因为这件事对公司管理层失去了信任。大约9个月后，CEO辞职，卷入丑闻的高管人员也很快都被解职。董事会最后认为人力资源部的建议是对的。"

对小陈来说，那次经历中采取的行动不仅对保持员工士气和企业可信度很重要，对维护团队的信誉也是至关重要的。"管理层的每一个人都不得不维护组织的可信度。"他说，"但在事实上，团队领导不得不出面澄清，因为我们是管理层和员工之间沟通的桥梁，我们必须做好两个方面的工作。如果我们都失去了信任，那这个组织就没有什么可以信得过的了。"

6.掌握留人的基本原则

求安是人生的根本要求，中国人一个"安"字，代表了多少安慰与欣喜。孔子希望我们用"患不安"来消减员工的不安，因为"安"乃是激励的维持因素。然而，员工不可能完全达到"安"的地步，不安只能消减，无法消灭。

员工的求"安"，主要考虑同人与环境这两大因素，而两者互动，因此产生愉快的工作环境、可以胜任的工作、适当的关怀与认同、同人之间融洽与合作、合理的薪资制度与升迁机会、良好的福利、安全的保障、可靠的退休制度以及合乎人性的管理等需求。

安则留，不安则去，乃是合理的反应。员工的求安程度不同，认为大安、久安、实安、众安的才会安心地留下来；认为小安、暂安、虚安、寡安的，虽然留着，心中仍有不安，必须设法予以消灭。

安的反面是不安。公司不能做到"有本事就来拿"，过分相信甄试及测验，以致不知如何识才、觅才、聘才、礼才、留才、尽才，如此，员工就会不安。家族式经营并非不好，但如果不敢相信外人，不能容才、用才，就会导致员工"留也不是，去也不好"的不安。管理者不了解真正适合中国人个性的领导、沟通、激励方法，不能人尽其才，也会引起员工的不安。

当然，公司的经营方针不明确，缺乏技术开发能力，劳务政策不能顺应时代的潮流，或者不能重视整体发展，都是员工不安的诱因。

不安的象征，最具体的莫过于高层不放心、中层不称心、基层则不热心。必须设法做到高层放心、中层称心、基层也热心，才是真正安人的表现。

我们不妨把员工分成四种，归纳为下述四种形态：

（1）稳定型

认为工作胜任愉快，而工作环境也相当良好的，自然身安心乐，称之为稳定型，这一形态的员工多半不容易见异思迁。

（2）矛盾型

这类型员工认为工作胜任愉快，但工作环境有很多不如意的地方，去留之间相当矛盾，时常犹豫不决。

（3）游离型

这一类型认为工作环境相当良好，不过工作不能胜任，遇到有更合适的工作机会就可能离职而去。

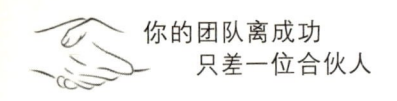

(4) 滚石型

工作不胜任，对工作环境也诸多不满，在这种情境下，实在很难安心工作，以致骑驴找马，一有机会便跳槽。

矛盾的员工觉得工作相当理想，舍掉十分可惜，但在工作环境方面则有许多不安，例如照明不佳、通风不良、交通不便、噪声太大、空间太小，以及用餐不方便、安全不放心等，使员工觉得内心非常矛盾："走，可惜；留，难过。"

这时候，我们应该把员工的不安区分成个人的和集体的两大类。个人的个别解决，集体的则由公司统一予以改善。

消减工作环境方面的不安，可以按"马上能做的，立刻解决；过一段时间就能改善的，宣布时间表；暂时不可能的，诚恳说明困难所在"的原则，逐一改善或说明。只要员工觉得合理，自然会消减不安的感觉，使自己改变形态，从矛盾型变为稳定型，进而安心工作。

游离型的员工认为工作环境相当理想，可惜工作很难胜任，当然谈不上愉快。

工作的胜任与否直接影响员工的工作业绩及工作满足感。员工的个别差异正是主管指派工作时必须考虑的要因，例如成长需求较高的员工，给予比较复杂的工作；而成长需求较低者，则不妨调派比较简单的重复性或标准化的工作。

实施在职训练乃是使员工由不胜任到胜任的一种方法。定期或不定期的工作轮调是增加员工工作变化性的有效方式。变化性加大，可以降低对工作的厌倦程度，是工作的横向扩大。工作丰富化在垂直方向有所延伸，可以增加员工的自主责任，使其获得更为完整的满足。工作改善了，自然能够减少员工的游离感，促其趋向稳定型。

滚石型的员工，由于工作与工作环境都不合适，因而身不安、心不乐。这种心态如果不予改变，就会不做事、光捣蛋，令人头疼不已。

人事部门最好和他谈谈，不必直截了当地指责他，可以用一个中国人熟悉的"缘"字来沟通：先说他似乎和现在的主管没有什么缘分，所以处得不愉快，工作绩效也不高；然后让他挑选认为比较有缘的主管，如果愿意接受，便调部门试试，若是不愿意接受，也让他明白，并不是大家都欢迎他。调职之后有所改变，等于救活一个人；没有改变，则问问他的感想。自愿离职最好，不愿意离职，可由比较亲近的同事劝导他。不听，和他家人谈谈；再不接受，人事部门可以正面劝导其离职。

第七章

群策群力，
真正的成功来自合作

1.单打独斗，迟早要摔跟斗

"滴水不成海，独木难成林"，一个人的力量毕竟是有限的，只有凝聚众人的力量，团结合作，才能促成"众人种树树成林，大家栽花花满园"的壮丽局面。

圣玛诺是美国著名的百货公司圣玛诺·皮埃尔公司的创始人之一。他一生最大的长处，也是他成功的最主要因素，就是善于与人合作。

圣玛诺在刚开始创业的时候饱尝了"伙伴难找"的滋味，直到一天晚上，他遇到了在自己的事业中起关键作用的人皮埃尔。两人一见如故，决定合作，以两人姓氏为名的世界性的大企业圣玛诺·皮埃尔公司由此诞生。合作带来了新的财力和机遇，公司第一年的营业额就比圣玛诺单干时增加了将近10倍，高达40万美元。

合作的第二年，公司营业额增长更快，这种发展速度是两人始料未

第七章
群策群力，真正的成功来自合作

及的。明显感到力不从心后，皮埃尔提议说："我们何不请一个有才能的人参加我们的生意？"圣玛诺对他这个建议由衷地赞许道："好吧，让我们为我们的生意找个老板。"

经过千挑万选，一个布店老板进入了他们的视线。一家人群拥挤的布店门前，贴着的大纸上写道：衣料已售完，明日有新货进来。那些抢购的女人唯恐明天买不到，都在预先交钱。伙计解释说，这种法国衣料原料不多，难以大量供应。圣玛诺知道这种布料进的不多，但并非因为缺少原料，而是因为销路不好，没法再继续进口。看到布店老板对女人心理如此巧妙地运用，以缺货来吊起时髦女性的胃口，他觉得这个老板的经营手法实在高人一等，令人折服。

圣玛诺和皮埃尔不约而同地认为：这个人就是他们要找的人。然而，当他俩与店主见面时，却大感意外，原来，他们彼此已认识好几年，只是对这个店主戴维斯没有什么特殊的印象。寒暄之后，圣玛诺开门见山地对戴维斯说："我们想请你参加我们的生意，坦白地说，想请你去当总经理。"

当上总经理的戴维斯为报知遇之恩，工作非常投入，为公司创造了惊人的业绩。圣玛诺·皮埃尔公司声誉日隆，10年之中，营业额竟增加了600多倍，拥有30万员工，每年的销售额将近70亿美元。

在竞争日趋激烈的商业社会里，合作早已成为一股强大的力量！因此，要想成为强者，脱颖而出，最直接有效的方法莫过于寻求功成名就之士并与之合作。

长安集团拥有七大汽车制造企业，"长安"品牌的价值如今已高达46.18亿元，是国内小型车行业最有价值的汽车品牌。应该说，长安这些成绩的取得，都离不开长安集团总裁尹家绪与美国福特——这个世

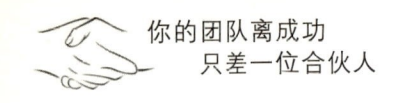

界汽车工业巨头的合作。

尹家绪在上任长安集团总裁不久,即开始积极寻求海外合作伙伴。有幸的是,在当时,美国福特公司也在苦苦寻觅着它的"心上人",于是两者一拍即合。2000年4月25日,长安汽车(集团)公司与福特汽车公司签署了合作开发生产轿车的合资合同。

长安与福特联姻震动了当时的中国汽车界。因为业内人士十分清楚,这一"联姻"将使长安集团迅速成长为中国汽车业中的一支主力军,用长安人自己的话说,就是"重庆长安在中国市场同时也有了发言权"。果然不出所料,迄今为止,长安集团借此已经在国外建设多条生产线,而合资后的第二年即2001年,长安汽车的出口量就突破了近3000辆大关,名列当年国内微型汽车企业出口量之最。

长安集团之所以能有今天的辉煌,就是因为长安集团的领导者们把聪慧的头脑用在了合作之上,借用别人的力量来发展和壮大自己。正所谓"众人拾柴火焰高",借助大家无穷的力量才是让你实现自我超越的强劲动力。

俗话说"人多力量大","团结就是力量","人心齐,泰山移",良好的人际关系可以让人与人之间产生合作的愿望。一位成功的企业家说:"现在的创业时代,早已不是单打独斗、显现个人英雄的时代了。大家互惠互利,合作双赢才是硬道理。"在现实生活中,没有人能够成为一个无所不能的超人。我们必须告别单枪匹马的时代,学会合作取胜。

2.团队的凝聚力比什么都重要

在今天的企业界，靠个人单打独斗很难赢得市场的决胜权，只有通过团队的力量才能提升企业整体的竞争力。

作为企业的一分子，一名优秀的员工能够自觉地找到自己在团队中的位置，自觉地服从团体运作的需要，把团体的成功看作发挥个人才能的目标。他不是一个自以为是、好出风头的孤胆英雄，而是一个充满合作激情、能够克制自我、与同事共创辉煌的人，因为他明白，离开了团队，他将一事无成，而有了团队合作，他可以与别人一同创造奇迹。

蒋志国是一家营销公司的优秀营销员，他那个部门的团队协作精神十分出众，因此，每个人的成绩都特别突出。后来，这种和谐而又融洽的合作氛围被蒋志国破坏了。

前一段时间，公司的高层把一项重要的项目安排给蒋志国所在的部门，蒋志国的主管反复斟酌考虑，犹豫不决，始终没有拿出一个可行的工作方案。而蒋志国认为自己对这个项目有十分周详而又容易操作的方案，为了表现自己，他没有与主管商量，更没有向他提出自己的方案，而是越过他，直接向总经理说明自己愿意接下这项任务，并向他提出了可行性方案。

他的这种做法严重地伤害了部门经理的感情，破坏了团队精神。结果，当总经理安排他与部门经理共同操作这个项目时，两个人在工作上不能达成一致意见，产生了重大的分歧，导致团队内部出现分裂，

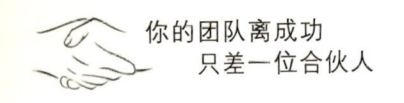

团队精神涣散，项目最终也在他们手中流产了。

一个团队之所以伟大，并不是因为某个成员伟大，而是因为他们是一个集体。正如海尔的首席执行官张瑞敏说的："就单个员工而言，海尔员工并不比其他企业员工优秀，但能力互补、具有良好团队合作精神的'海尔团队'的确是无坚不摧的。"

在现代社会，团队的力量远远大于一个个单独的优秀人才的力量。在当今世界，任何具有重大意义的科学研究、理论探索、技术工程等，都不是凭借个人单枪匹马的奋斗完成的。

秋去春归的大雁在飞行时总是结队为伴，队形一会儿呈"一"字，一会儿呈"人"字，一会儿又呈"V"字，它们为什么要编队飞行呢？

原来，编队飞行能产生一种空气动力学的节能效应。一群由25只编成"V"字队形飞行的大雁团队，能比具有同样能量但单独飞行的大雁多飞70%的路程。也就是说，编队飞行的大雁能飞得更远。

当大雁向下扑翅膀时，在它的翼尖附近会产生一种上升流，每一只在编队中飞行的大雁都能利用到邻近它的另一只大雁所产生的这股上升流，因此，大雁只需消耗较少的能量就能飞翔。大雁的这种行为并不是出于它们对这种上升流的理解，而是感觉到这样飞行时不太费力，只需要调整它们的飞行姿势就行了。

以水平线形飞行的大雁也可获得这种邻近升力，但以这种方式飞行时，中间的那只雁要比排列在任何一侧飞行的大雁获得更大的上升助力。而在"V"字形编队中，这种升力的分布相当均匀，虽然领头的大雁所受到的空气摩擦力要比后面的那些大雁大，但这一点由排在两侧飞行的大雁所产生的上升流弥补。排在"V"字形队末飞行的大雁只能从一侧获得这种上升流，那它消耗的能量是否多些？并不是这样，因为其他的大雁都在它的前面飞行，所以这种来自一侧的上升流是相当强的，而且大雁的这种"V"字形编队不需要绝对的对称也能具有这种升力特性，即排列在一侧的大雁可以比另一侧多一些。

一滴水是微不足道的，整个大海却是无限的；一个人的力量是有限的，集体的力量却是巨大的。真正的成功来自和谐的团队，只有企业中的全体员工紧密团结起来，才能产生巨大的力量和智慧，并最终走向胜利。

3.机遇的潜台词是朋友

很多人在一个人取得成功时总是会说："他的机遇好！"是的，事实的确如此。在2013年中国百富榜上数十位成功企业家最看重的十大财富榜评选当中，机遇排在第二位。但你是否想过，为什么他们的机遇比别人好？机遇对每个人都是公平的，不同的是朋友关系。可以说，机遇就是朋友的潜台词，朋友关系的优劣直接影响到机遇的多少。

学历、金钱、背景、机会……也许这一切你现在还没有，但你可以打造一把叩开成功之门的金钥匙——朋友，把自己打造成站在巨人肩膀上的英雄。

朱元璋的成功就得益于他的朋友关系。至正十二年（1352年）闰三月初一，朱元璋投靠郭子兴，却被守城将士误以为是元军的奸细，差

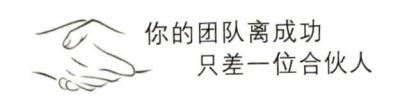

点被杀死，后来朱元璋被郭子兴救下，收为步卒。从那以后，朱元璋就开始采取"关键关系术"来开创自己的功业。

朱元璋是个聪明人，他知道郭子兴对自己事业的发展有着不可估量的作用，拉近与郭子兴的关系，也就等于拉近了与成功的距离。因此，他非常努力，希望能以出色的才能让郭子兴坚信自己并未看错人。被收为步卒后，朱元璋每天在队长的带领下与大家一起练习武艺，他非常明白，要想出人头地，在当时的条件下，唯一的途径就是拼命努力，这样才能引起郭子兴的注意。

所以，他总是比别人练得刻苦，练得认真，练得时间长。只花了十几天的时间，他就成了队里出类拔萃的角色，郭子兴非常喜欢他，每次领兵出战都会把他带在身边，而朱元璋也总是小心地护卫着郭子兴，作战十分勇猛，斩杀俘获过不少敌人。

因表现出色，不久，朱元璋就被郭子兴调到了元帅府做亲兵九夫长。遇上重要事情，郭子兴总不忘征求一下他的意见，每次他都尽力谋划。渐渐地，郭子兴越来越觉得朱元璋有胆有识、有勇有谋，是个将才，便开始派他单独领兵作战。每次打仗，朱元璋总是身先士卒，冲杀在最前面，得到战利品，他又分毫不取，全部分给部下，因而部下都非常拥护他，每次出战，大家都齐心合力，所向披靡。

郭子兴见朱元璋带领的部队凝聚力得到了空前的增强，战斗力大为提高，对朱元璋更加器重。

"人"这个字，一撇一捺两个独立的个体相互支撑，相互依存，相互帮助，形象、完美地阐释了人的生命意义。

由一无所有到世界富豪的李兆基是一个商业奇迹，也是香港人的骄

第七章
群策群力，真正的成功来自合作

傲。据美国《福布斯》杂志报道，李兆基1997年的资产达150亿美元，是当时亚洲最富有的人，也是世界第四大富翁。2011年，李兆基的财富更是达到了195亿美元。

1984年，李兆基怀揣着1000元钱独自来到了东方明珠——香港，这个美丽且富有朝气的城市。他有信心以他的对金银业务的看家本领闯天下。

当时的香港中环文咸东街足足有二三十间金铺银店，专营黄金买卖、外币找换、汇兑等生意，业务性质跟李兆基在顺德的永生银号没有分别。李兆基来到香港之后，开始在那些金铺银店挂单做买卖。凭着自己对黄金的熟稔和对市场的把握，李兆基很快就赚到了自己的第一桶金。

有了本钱后，他又开始做五金生意，搞进出口贸易，钞票就像滚雪球一样越滚越大。这时，钱对他来说已不再是可望而不可即的东西，幼年时对财富的渴望到这时已经得到满足。渐渐地，他开始对这些生意提不起兴趣，面对着流水般涌来的钞票，他的不安心理与日俱增。

后来，李兆基回忆当年生活时曾说："我七八岁时就常到父亲的铺头吃饭，自小对生意耳濡目染，后来在银庄工作，令我深深体会到无论法币、伪币、金圆券等，都会随着政治的变迁在一夜之间变成废纸，令我领悟到持有实物才是保值的最佳办法。"于是，已过而立之年的李兆基在经过深思熟虑之后，毅然选择了地产，走上了一条日后为他带来无限前途的实业之路。

第二次世界大战之后，香港人口激增，工商业日益发达。有数据显示，1954年全港经营登记的工厂共有2494家，下属工人11万多，未曾登记的工厂工人数目逾10万，增幅较去年接近一倍。李兆基不认为政府建设楼宇的步伐能赶得上民生的迫切需要，他看准时机，准备大干一场。

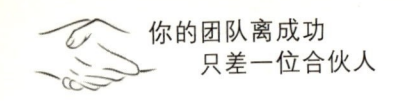

1958年,李兆基和两位志同道合的朋友郭得胜、冯景禧共同组建了永业企业公司,开始了他们向地产业的进军。

三位好友中,郭得胜年龄最长,经验丰富;冯景禧居中,精通财务,擅长证券;李兆基虽然最年轻,却足智多谋,反应敏捷。公司成立后的第一桩生意就是买入沙田酒店,然后再以低价收购一些无人问津而又富有发展潜力的地皮,重建物业出售。他们"分层出售,分期付款"的推销方式颇受市民欢迎,效益显著。就这样,"永业"初涉地产便一炮打响,站稳了脚跟,郭、李、冯更因此声名大振,得到了"三剑侠"的赞誉,而李兆基因为年龄最小,被称为"地产小侠"。

正是因为这些朋友,促成了李兆基后来的房地产王国。

无论你是穷人还是富人,如果你希望将来可以拥有更多的财富,并且延续下去,就要为你以后的财路广交朋友,这样,你以后在财富的道路上才能越走越宽。

4.联合"虾米",吃掉"大鱼"

"大鱼吃小鱼,小鱼吃虾米",这是现实中残酷的竞争法则。

在这种情况下,若想要站稳脚跟,我们就要联合周围可以联合的"虾米",然后一起去吃掉我们想吃掉的"大鱼"。

千万不要小觑小力量的集合。当我们看到日本联合超级市场以中心型超级市场共同进货为宗旨而设立的公司的惊人发展,就会有如此的

第七章 群策群力，真正的成功来自合作

感慨。

就在1973年石油危机之前，总公司设于东京新宿区的食品超级市场三德的董事长——堀内宽二大声呼吁："中小型超级市场跟大规模的超级市场对抗，要生存下去的唯一途径就是团结。"可是，当时响应的只有10家，总营业额也不过只有数十亿日元而已。但是，到1982年2月底，联合超级市场集团的联盟企业增加到了145家，加盟店的总数有1676家，总销售额2750亿日元。而且，从第二年起，加盟的企业总数就增加为178家，继而187家、200家、253家，持续地膨胀，同时，加盟店的总数也由1944家增加为3000家，总销售额高达4716亿日元，遥遥领先大隈、伊藤贺译堂、西友、杰士果等大规模的超级市场。

很多小企业、小公司，在激烈的竞争中被冲撞得东倒西歪、飘飘摇摇，虽然也有顽强的生命力，但终难形成气候。它们要在竞争中站稳脚跟，就得联合统一战线，共同出击，以群蚁啃象之势，迎接各种挑战。

东北有家非金属矿业总公司——辽河硅灰石矿业公司，前身为辽河铜矿，因长年亏损，1983年改换门庭，从事非金属矿的开发与经营，所开采的优质硅灰石全部销往日本、韩国，公司效益也真正红火了几年。

据称，日本商人将石头买上船后，便在回日本的航程中将其加工成立德粉、钛白粉，然后中途返航，运往上海、天津等地。

辽河硅灰石矿业公司于1990年从日本引进加工生产线，掌握了生产立德粉、钛白粉的技术，并从1992年起开始生产建筑涂料。从1993年开

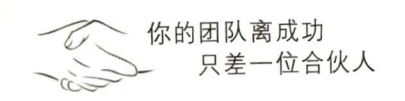

始，其所产硅灰石滞销，生产的涂料市场滑坡，公司出现了严重亏损。1997年，辽河公司宣布破产，原来的各分厂全部被私营单位买断。

1999年，日商再次光顾辽河公司，与私营小公司老板商榷购买200万吨硅灰石粉的合同。可是，各自为阵的小公司并没有这个魄力，也不可能在一年半的时间内完成合同任务。

眼看着煮熟的鸭子就要飞了，就在日商即将离开之际，辽河其中一家公司的经理郝为本横下心，与日商签了合同。

郝为本心里清楚，如果不能按期交货，日商的索赔会让他倾家荡产，弄不好还得蹲大牢。但到口的肥肉总不能不吃吧，郝为本拿着合同，请其他几家小公司的经理聚到一起，认真研究，打算联合起来吃这条大鱼。

谈好任务和利益的分配后，几家公司立刻行动了起来。经过有力的联合，辽河公司按时完成了任务。

上述事例正印证了"虾米联合起来可以吞掉大鱼"的事实。因此，在现实生活中，当你觉得仅凭一人之力难以应付客户时，完全可以采取这种办法，把身边的伙伴联合起来，就像一根筷子容易断，一捆筷子不易断，这种小力量的集合会给你带来更多收获。

5.帮别人攀登，自己也能登上去

就像乔治马修·阿丹所说："帮助别人往上爬的人，会爬得最高。"如果你帮助其他人获得他们需要的事物，你也能因此得到想要的东西，

第七章
群策群力，真正的成功来自合作

而且帮助得愈多，得到的也愈多。

哈特瑞尔是一位水准很高的演说家，他说，当他还是东得克萨斯州的一个小孩时，有一次跟两个朋友在一段废弃的铁轨上走，其中一位朋友身材很高，另一位则是个胖子。孩子们互相竞赛，看谁在铁轨上走得最远，结果两个人都只走了几步就跌下来了。

后来，哈特瑞尔跟他的朋友分别在两条铁轨上手牵着手一起行走，彼此都找到了保持平衡的支点，他们也因此在铁轨上走了很长一段都没有跌下来。这就是合作的可贵。

助人就是助己，生存就是共存。社会分工越细，每个人对他人的依存度就越高。单打独斗的年代早已一去不复返，这是一个崇尚合作的时代。一个人或者一个企业的力量毕竟是弱小的，只有互相帮助，本着合作求双赢的经营理念，企业才能做大做强。

江苏省张家港市的长江村从一个"要饭村"磨砺三十载，变成了资产总额达8亿元的村子。变富裕了的长江村也开始了自己的扶贫之路，从1997年至今，长江村已经向安徽省凤阳县小岗村输送扶贫资金420万元，帮助小岗村修建了一条水泥路面的村级大道，办起了一个占地80亩的葡萄示范园，全村90家农户种植葡萄。葡萄苗、化肥、管理费用都由长江村全部足额补贴。长江村不仅在小岗村发展鲜食葡萄，还大力发展葡萄酿酒，搞葡萄深加工。后来，他们还带小岗村人去法国、西班牙考察，并与法国一家葡萄酒厂达成了开发生产葡萄酒的合作意向。

郁全和说："我们帮扶小岗村建路，搞葡萄园，有人不理解。我当时就想，作为先富起来的我们，要有博大的胸怀。现在想，还要补

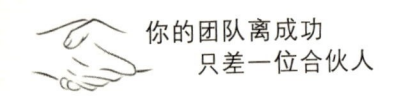

充一点，就是帮了他们，也扶了我们自己。"

截至目前，长江村在苏北贫困地区宿豫县投资3.5亿元，兴办了几家企业。彩涂板厂已经开工建设，这有利于宿豫县的经济发展，对长江村也有好处。长江村现在发展的空间不大，此举解决了长江村生产车间不足的问题。另外，由于生产成本较低，还可提高投资收益率。"帮了别人，也扶了自己"，是长江村与小岗村帮扶结对的新认识。

在这个商品经济时代，越来越多的人表现出自私自利的人性弱点，有人甚至为了自己的利益而损害别人的利益。作为一个人，如果一切都从私利出发，从不肯伸出手帮助别人，那他最后必将陷入人生的死胡同。而一个企业如果只顾发展自己，仅仅看到眼前这一点利益，这样的企业也注定不会长久。

这个社会上，所有的链条都是息息相关的，谁也无法单独存在。"三十年河东，三十年河西"，世事无常，谁都不知道将来会需要谁的帮助，与人方便，自己方便，何乐而不为呢？

美国埃·哈伯德说："聪明人都明白这样一个道理，帮助自己的唯一方法就是去帮助别人。"帮助别人解惑，自己获得知识；帮助别人扫雪，自己的道路更宽广；帮助别人，也会得到别人友善的回报。

有人与上帝谈论天堂和地狱的问题。上帝对这个人说："来吧，我让你看看什么是地狱。"他们走进了一个房间，房间里有一群人围着一大锅肉汤。每个人看起来都营养不良，既绝望又饥饿。他们每个人都有一把可以够到铁锅的汤匙，但汤匙的柄比他们的手臂还要长，自己没法把汤送进嘴里。明明有食物，却看得见吃不到，他们可真是悲惨。

"来吧，我再让你看看什么是天堂。"上帝又把这个人领入另一个房间。这里的一切和上一个房间没什么不同，一锅汤，一群人，一样的长柄汤匙，但大家都在快乐地歌唱。

"我不懂，"这个人说，"为什么一样的待遇与条件，他们快乐，而另一个房间里的人却那么痛苦？"

上帝微笑着说："很简单，在这儿，他们会喂别人。"

帮别人攀登，自己也能登上去，因为"合作"本身就是一种双重奖励：一方面可使对方获得生活所需求的一切，另一方面也可使我们自己得到渴望的物质财富或其他的需要。

第八章

借力合作不费力，
求人帮忙不丢人

1.借力——成功路上的滑翔机

俗话说得好，"借力发力不费力"。懂得借力发力的人，能够以小博大，以弱胜强，以柔克刚，达到四两拨千斤的效果。

周瑜嫉妒诸葛亮的才华，总是想方设法地刁难他。一天，周瑜以对抗曹军为由，要求诸葛亮十日内打造出十万支箭。诸葛亮却说只需三日，这正中周瑜下怀，他马上让诸葛亮立下军令状。三日内打造十万支箭，就算有钱有材料，时间也来不及，为什么诸葛亮会夸下这个海口呢？因为他早已想到了办法，那就是向曹操借。

在一个大雾蒙蒙的早上，诸葛亮派出几十只船，船上扎满了稻草，当船驶到河中央的时候，敲锣打鼓，鞭炮齐鸣，杀声震天，佯装攻打

第八章　借力合作不费力，求人帮忙不丢人

曹营的样子。曹操站在城墙上一看，江面上朦朦胧胧的有很多船只向他驶来，他以为周瑜真的要攻城了，于是赶紧命令所有的弓箭手万箭齐发，结果，箭一支支射到了船上的稻草上。不到一个时辰，诸葛亮就满载而归，收到曹操送来的十多万支箭。这就是历史上著名的"草船借箭"的故事。

英国大英图书馆是世界上著名的图书馆，里面的藏书非常丰富。有一次，图书馆要搬家，结果一算，搬运费要几百万英镑，根本就没有这么多钱。怎么办？有一个高人向馆长出了一个点子，最终只花了几千英镑就解决了问题。

图书馆在报上登了一个广告：从即日开始，每个市民可以免费从大英图书馆借10本书。结果，许多市民蜂拥而至，没几天，就把图书馆的书借光了。书借出去了，要还就要去新馆还。就这样，图书馆借用大家的力量搬了一次家。

从上面两个案例里面，我们可以领略到借的魅力。一个"借"字，大有文章可做。

如今，我们无论出行上班还是购物，随处都能看到各种各样明星代言的广告，可以说，广告已经成了商品提高知名度的一种首选方式。很多商家借助名人的声望、地位引起了消费者的特别关注，从而赢得了市场。

1984年，美国总统里根访华，因为取得了圆满成功，所以里根决定举行临别答谢会。

按照常例，临别答谢会一般都在人民大会堂举行。但刚开业不久的长城饭店决定利用这一难得的机会来提高自身的知名度。他们说服了

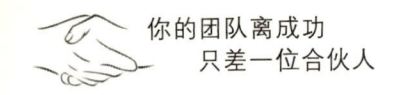

美方，承办了这次宴会。答谢会当天，500多名外国记者来到长城饭店现场采访，国内外数亿观众看到了长城饭店。

就这样，长城饭店不仅做成了生意，还让里根总统为自己做了广告，转眼间闻名海内外。

这就是政治名人、要人的巨大魅力。因为政治的权威性，特别是它在民众心中的崇高地位，政治的取向很大程度上左右了民众的取向。这就构成了一种对商业极有影响的潜在关系资本，善于利用、发掘这种资本，就会带来成功的机遇。

世界著名的百事可乐也曾经运用"名人效应"来为自己打开知名度。

在百事可乐初创时期，由于可口可乐的先入为主，美国本土已经没有多少市场空间留给百事去挖掘了。因此，百事可乐的董事长肯特想进军苏联。

正值1959年，美国展览会在莫斯科召开，肯特通过他的至交好友尼克松总统的关系，请"苏联领导人喝杯百事可乐"。尼克松显然同赫鲁晓夫通过气，于是在记者面前，赫鲁晓夫手举百事可乐，露出一脸心满意足的表情。而凭借着这个最特殊的广告，百事可乐迅速在苏联站稳了脚跟。

当然，并不是所有人都有幸认识名人。即便你没有机会与名人接触，只要你能想办法从他身上弄到你想要的信息，加以合理利用，也能达到宣传自己的效果。

美国一家公司所生产的天然花粉食品"保灵蜜"销路不畅，总经理为此绞尽脑汁：如何才能激起消费者对"保灵蜜"的需求热情呢？如

第八章 借力合作不费力，求人帮忙不丢人

何使消费者相信"保灵蜜"对身体大有益处呢？广告宣传未必奏效，因为类似的广告大家早就见怪不怪了。

正当总经理一筹莫展的情况下，该公司一位善于结交社会名人的公关小姐带来了一条喜讯：美国总统里根长期吃此食品。据里根的女儿说："20多年来，我们家冰箱里的花粉从未间断过，父亲喜欢在每天下午4时吃一次天然花粉食品，长期如此。"后来，该公司公关部的另一位工作人员又从里根总统的助理那里得到信息，里根总统在健身方面有自己的秘诀，那就是吃花粉、多运动、睡眠足。

这家公司在得到上述信息并征得里根总统同意后，马上发动了一个全方位的宣传攻势，让全美国都知道，美国历史上年纪最大的总统之所以体格健壮、精力充沛，是因为常服天然花粉的结果。于是，"保灵蜜"风行美国市场。

中国台湾的巨富陈永泰曾说过一句这样的话："聪明人都是通过别人的力量去达成自己的目标。"比如"东亚四小龙"之一的中国香港，它凭借一个"借"字成就了其璀璨明珠的繁荣现状。它凭借与外国的大公司合营，借别人的知名品牌，借用外国原材料，借用外国公司的销售渠道和销售市场，从事加工制造，从事出口贸易。凭借"借风腾云"的思维，香港迅速走向了繁荣。

所以说，一个人要想成就一番事业，除了努力苦干，还要巧干，比如想办法与名人沾上一点关系，借他的名望来壮大自己的声势，借别人的"名"而生自己的"利"。

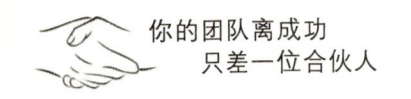

2.怎么借，找到支点是关键

"借"的确是一个"四两拨千斤"的好方法，但怎样"借"才能有效果呢？"给我一个支点，我可以撬动地球。"这是阿基米德的一句名言，而"借"的关键就是能够找到这个支点所在。

犹太人会做生意全世界有名，在生意场上，他们常常能使出一些常人意想不到的高招，轻松赚得巨额财富。

在日本东部有一个风光旖旎的小岛——鹿儿岛，因气候温和、鸟语花香，每年都能吸引大批观光客。有一位名叫阿德森的犹太人在日本经商多年，第一次登上鹿儿岛之后便喜欢上了这里，决定放弃过去的生意，在此建一个豪华气派的鹿儿岛度假村。一年后，度假村落成，但由于度假村地处一片没有树木的山坡，一些投宿的观光客总觉得有些扫兴，建议阿德森尽快在山坡上种一些树，改善度假村的环境。阿德森觉得这个建议很好，但工钱昂贵，又雇不到工人，因此迟迟无法实现。

不过，阿德森毕竟是个犹太人，天生就是做生意的料，他脑子一转，立即想出了一个妙招——借力。他迅速在自家度假村门口及鹿儿岛各主要路口的巨型广告牌上打出一则这样的广告：

"各位亲爱的游客：您想在鹿儿岛留下永久的纪念吗？如果想，那么请来鹿儿岛度假村的山坡上栽上一棵'旅行纪念树'或'新婚纪念树'吧！"

绿色是诱人而令人开心的，那些常年生活在大都市的人，在废气和噪声中生活久了，十分渴望到大自然中去呼吸一下清新空气，休息休息，如果能亲手栽上一棵树，留下"到此一游"的永恒纪念，那就更有意思了。所以，这则广告一登出，各地游客便纷纷慕名而来。一时间，鹿儿岛度假村变得游客盈门，热闹非凡。当然，阿德森并没有忘记替栽树的游客准备一些花草、树苗、铲子和浇灌的工具，以及一些为栽树者留名的木牌。并规定：游客栽一棵树，鹿儿岛度假村收取300日元的树苗费，并给每棵树配一块木牌，由游客亲自在上面刻上自己的名字，以示纪念。这是很有吸引力的。因此，一年下来，鹿儿岛度假村除食宿费收入外还收取了"绿色栽树费"共1000多万日元，扣除树苗成本费400多万日元，还赚了近600万日元。几年以后，随着幼树成材，原先的秃山坡变成了绿山坡。

让你出钱，让你出力，还让你高兴而来、满意而归，这似乎是不可能的事情。可精明的阿德森却看到了这一"不可能"之中的可能性，做了一笔一举两得的生意。这其中，我们看到了营销创意的价值和魅力。本来是既花钱又费工的一件事，经营销高手一摆弄，竟变为了招徕顾客的一种手段，你能不为之叫绝吗？

凭自己的能力赚钱固然是真本事，但能巧妙借他人的力量赚钱，也是一门高超的艺术。

"借力"的要点就是互借互利，既要让自己受益，又要让对方受益。阿德森的做法之所以能成功，是因为他满足了都市人渴望与大自然亲密接触的心理需求。

拿破伦曾经说过一句话："懒而聪明的人可以做统帅。"所谓"懒"，指的就是不逞能、不争功，能让别人干的自己就不去揽着干。这在某种意义上来说，是在告诫我们要善于"借力"。别人会干，等于自己会干。

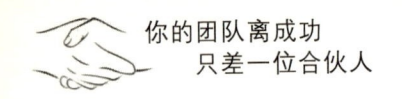

那么，我们具体该如何来用好这一招呢？

有这样几条思路或许可以成为借力的目标：

一是借"智力"，或者说是"思路""经验"等。比如，有些投资大师有不少好的经验，这都是他们经过多年的成功与失败得出的制胜法宝，可以让我们的投资少走许多弯路。

二是借"人力"，也就是所谓的人气。一个品牌、一处经营场所甚至是一位名人，其周边可能聚集了不少类别分明的人群，如果能把自己生意的目标消费群与之结合起来，其结果可能就是投入不大但利润大。

三是借"潜力"。良好的社会经济发展前景诱惑无疑是巨大的，它也会给我们的投资带来有效的增值空间，像城市的建设规划以及中小城市的发展计划等，都是值得我们关注的焦点。

四是借"财力"。有些投资者或企业可能会遇到资金捉襟见肘的情况，那么充分利用银行或投资基金的财务杠杆，无疑会让你解决许多"燃眉之急"。

五是借"权力"。乍一听这个词似乎挺吓人的，但它所指的其实是政策，"借"上好的政策同样也会使你赢得发展的契机，靠政策致富的案例早已屡见不鲜。

在这里需要说明的是，"借"与盲目跟风有着本质的区别。"借"是一项高技术含量的工作，通过了解、准备、研究、比较和选择等多个步骤才能获得成功；而如果随意地跟风模仿，反而会给你带来不小的风险。有些投资者不考虑周围环境和自身的不同实际，不看实际效果是否有效，不看时机是否成熟，不看条件是否具备，生搬硬套，盲目地跟着别人走，这显然是与"借"的本意相违背的。

对此，我们可以把握住下面几点：

首先，自身是否适合是关键。当初，随着2008年北京奥运的临近，许多企业都想搭上奥运的顺风车,"借"奥运来作为营销手段,但并不是所有的产品都能产生不错的效果,如果不能把对奥运的热情转移到产品上,带来的结果就是让奥运营销成为"空中楼阁"。

其次,"借"的对象也要区别对待。比如,同样是城市建设规划,不同区域产生的效果是不一样的,这就需要投资者运用各种信息进行研究分析比较,最终"借"上真正有潜力的规划。

另外,即使找到了正确的方向,"借"的过程也要讲究艺术。比如,你"借"上了大店铺的客源,就可以考虑将经营时间与大店铺错开,以避其锋芒,捡其遗漏。

最后,"借"同样可能会遭遇到不可预见的风险,其中最为典型的就是连锁加盟。有些项目由于本身含金量不高,甚至带有欺骗性质,让许多投资者遭遇了滑铁卢,对此,我们必须多加留意。

3.借智慧——集思广益,威力无比

有句话说得好:"只有懂得聆听别人意见的人,才能集大成。"在当今这个竞争激烈的社会里,凝集多数人的智慧才是制胜的关键。

每个人的构想与思维都是不一样的,所以说,人越多,就越容易想出好的办法,这正应了"三个臭皮匠,顶个诸葛亮"这句话,集众人的意见,很有可能产生意想不到的效果。

日本东京有一个地下两层的饮食商业街,整个广场都显得死气沉沉。一天,商业街董事长突发奇想:如果有一条人工河就好了!来往

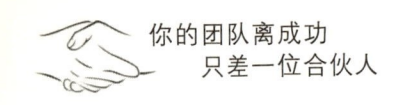

的人群不但能听到脚底下潺潺的流水声，而且广场上还有人工瀑布，这确实是很适合"水都街区"的创意。

大家都觉得这个想法很棒，便问董事长是怎么想到的。他回答说，挖人工河的构想并不是一开始就有的，是几个年轻设计师一起讨论时，有一个突然说："让河水从这里流过如何？""不，如果有河流的话，冬天会冷得受不了。"

"不，这个构想很有趣。以前没有这么做，我们一定要出奇制胜。"

最后，经过一番讨论，多数人都同意了这个构想。

由此可见，一个好的创意的产生与实施，光靠自身的力量是不够的，必须集思广益，在自己周围聚拢起一批专家，让他们各显其能、各尽其才，充分发挥他们的创造性作用。

一个人若想取得成功，就要发挥集思广益的效用，综合所有的智慧成精华，要善于倾听大家不同的意见与看法。就好比吃饭，一个善于集思广益的人就是一个不挑食的人，他的营养会比较均衡，身体也会非常健康；而偏听偏信、一意孤行、只认可相同意见的人就好比是偏食严重的人，他的营养成分很不均衡，身体自然也会出现种种病理反应，直至整个人完全垮掉。

一个人有无智慧，往往体现在做事的方法上。山外有山，人外有人。借用别人的智慧助己成功，是必不可少的成事之道。

当你觉得自己欠缺某项才能时，与其花时间去培养，不如主动去找具备这种特长的人，请他参与相关团体。三国中的刘备，文才不如诸葛亮，武功不如关羽、张飞、赵云，但他有一种别人不及的优点，那就是巨大的协调能力，他能够吸引这些优秀的人才为他所用。能集合众人才智的公司，才有茁壮成长、迈向成功之路的可能。

聪明的人善于从别人身上吸取智慧的营养。从别人那里借用智慧，

第八章
借力合作不费力，求人帮忙不丢人

比从别人那里获得金钱更有价值。

当摩西带领以色列子孙前往上帝许诺给他们的领地时，他的岳父杰塞罗发现摩西的工作量实在太多了，如果他一直这样下去，很快就会出问题。为了减轻摩西的负担，杰塞罗想了个办法，他让摩西将这群人分成几组，每组1000人；然后再将每组分成10个小组，每组100人；再将100人分成2组，每组各50人；最后再将50人分成5组，每组10人。然后，杰塞罗又教导摩西，要他让每一组选出一位首领，这位首领必须负责解决本组成员所遇到的任何问题。摩西接受了建议，并吩咐那些负责1000人的首领，分别找到自己觉得能够胜任的伙伴。

用心去倾听每个人对你的计划的看法是一种美德，他们的意见，你不见得每个都赞同，但有些看法和心得，一定是你不曾想过、考虑过的，广纳意见有助于你迈向成功之路。

万一你碰上向你浇冷水的人，就算你不打算与他们再有牵扯，也不妨想想，他们不赞同你的原因是否很有道理？他们是否看见了你看不见的盲点？他们的理由和观点是否与你相同？他们是不是以偏见审视你的计划？问他们深入一点的问题，请他们解释反对你的原因，请他们给你一点建议，并中肯地接受。

另外，还有一种人，他们无论对谁的计划都会大肆批评，认为天下所有人的智商都不及他们。其实，他们根本不了解你想做什么，只是一味认为你的计划一文不值，注定会失败，连试都不用试。这种人为了夸大自己的能力，不惜把别人踩在脚底。

要是碰上这种人，不要浪费你宝贵的时间和精力，苦苦向他们解释你的理想一定办得到，你还是把时间花在寻找能够与你分享梦想的人上吧。

> 你的团队离成功
> 只差一位合伙人

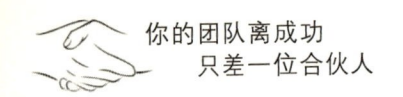

一位植物学教授打过一个比方:"许多自然现象显示:全体大于部分的总和。不同植物生长在一起,根部会相互缠绕,土质会因此改善,植物比单独生长更为茂盛;两块砖头所能承受的力量也大于单独承受力的总和。"

这些原理同样适用于人,只有当人人都敞开胸怀,以接纳的心态尊重差异时,才能众志成城,达到集思广益的最高境界。

4.借助朋友关系,成就一番事业

朋友是人脉资源中最重要的一部分,运用得好,能给自己的事业助上一臂之力。朋友也是我们可以信赖的贵人,在其庇护之下,事业更易登上一个新台阶。

利用朋友关系能成就一番事业,美国大亨特朗普就是此中高手。

大学一毕业,特朗普就进入了父亲创建的房地产公司任职。大学四年里,每年暑假他都会协助父亲管理业务。但他不想只靠父亲的庇护,他想发展自己的事业。为此,他从生活圈子狭窄的纽约市皇后区搬到繁华热闹的曼哈顿居住,勇敢地伸出触角,在高级社交圈结识了不少有钱有势的政经名流,这对于他日后发展房地产事业有莫大的助益。

1974年,纽约市曼哈顿区的"宾夕法尼亚中央铁路公司"宣告破产,特朗普立刻买下了这块地产,向政府建议在此兴建"市立会议中心",迟至1978年才获纽约市政府批准。特朗普大胆地向市政府要求用"特朗普"命名此会议中心,但遭市政府拒绝。

第八章　借力合作不费力，求人帮忙不丢人

1975年，特朗普以100万美元买进邻近纽约中央火车站的破旧旅馆，历经5年的准备，终于说服市政府给予40年减税优惠，顺利办妥了贷款手续。他亲自监督重建工程，于1980年竣工的"凯悦大饭店"是特朗普房地产事业上的重要里程碑。他以重金聘请著名建筑师设计新颖亮丽的旅馆外貌，吸引了络绎不绝的宾客，至今仍生意兴隆。"凯悦大饭店"的成功，彰显出了特朗普锐不可挡的经营才华，年仅34岁，他已在纽约市颇具名气。

紧接着，他又以2亿美元在纽约曼哈顿商业区兴建"特朗普大厦"。这幢综合商业大楼为高收入的民众提供了宽敞办公室、精品商店以及豪华公寓，吸引了无数长期租客，特朗普亦因此赚进大把钞票，并继续攀登更具挑战性的高峰。

特朗普逐渐将投资范围延伸至房地产以外的行业，开设赌场、经营航运、主掌职业足球队、赞助职业拳击赛等。

凭借多年来在政经界建立的朋友圈，特朗普轻而易举地扩张信用，投资手笔也一次比一次大，并傲慢地以"特朗普"之名为保证，有数家银行竟然愿意随时为他提供上千万美元的贷款金额。

与特朗普相似的是，新大陆董事长王晶也成功借助朋友的力量让自己的事业获得了巨大的成功。

曾经获得"全国十大女性风云人物"称号的新大陆集团董事长王晶并不像其他商界明星一样有名，但她却是实达公司创业者中唯一的一位女性，并且在对实达当年所从事的POS（销售终端）终端产品一无所知的情况下，为实达构筑了公共关系与人力资源平台。

而让她欣慰的是，她在这个过程中积累起来的人脉关系以及经验，在她与实达第一任总裁胡钢出走实达后的二次创业中发挥了异常重要

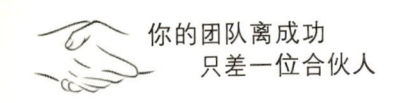

的作用。在王晶看来，她的创业故事里总有许多奇妙的事情发生，每每谈起这些奇妙的故事，就必然会谈起她身边众多的朋友，特别是新大陆第三大股东德国人汤姆与她在新大陆创业成长中的故事。

"1992年，由于项目合作的原因，我与汤姆认识，此后成为好朋友。新大陆创业时根本没办法从银行贷款，是汤姆每年无息借给新大陆流动资金。后来，我们以每股2元溢价出售部分股权给这位德国朋友，由此，他成了新大陆的股东。新大陆创立以来，每年增长都是接近100%的速度，他的投资也获取了很好的收益，对此，他非常高兴。"

"朋友总是在我最需要的时候出手帮助我。"王晶在回忆起当年新大陆上市时的一些故事时说，"我们一直请求科技部帮我们向中国证监会推荐新大陆，后来在科技部的大力支持下，总共有5家企业成了双高论证准许试点上市企业的高科技企业，新大陆是最后一家带着额度上市的民营高科技企业。"

"朋友是我一生的财富。"王晶说。实达与新大陆创业过程中，技术人才与行政管理人才的挑选几乎都是她在操作。"如果我不再创业，我想我会是一个非常好的猎头公司经理人选，福建省人事厅在当年我离开实达时就力邀我从事这方面的工作。"

在成功的道路上，成功的朋友交际圈占据了不可替代的重要作用，拥有朋友的鼎力支助，还有什么事办不成呢？

第八章 借力合作不费力，求人帮忙不丢人

5.放下所谓的"面子"，解决问题才是首要

生活对人们说："你必须求人。"

战国时期，有个名叫许行的楚国人来到滕国，他和自己的几十个门徒穿着粗麻织成的衣服，靠编草鞋、织席谋生，以能自耕自足、不求他人为乐，并据此指责滕国的国君不明事理。因为在许行看来：人不能依赖别人，不能向人求助，所以身为一个真正贤明的国君，他既要替老百姓服务，同时还要和老百姓一样自耕自食；如果自己不耕种而要别人供养，那就不能算作贤明的国君。

一个叫陈相的人把许行的所作所为及主张告诉了孟子。

孟子问陈相："许行一定只吃自己耕种收获的粮食吗？"

陈相回答："是的。"

孟子接着又问："那么，许行一定自己织布才穿衣吗？他戴的帽子也是自己做的吗？他煮饭的铁甑都是自己亲手浇铸的吗？他耕作用的铁器也都是自己亲手打制的吗？"

陈相回说："都不是的。这些物品都是他用米、草鞋、草席这些东西换来的。"

孟子说："既然是这样，那就是许行自己不明白事理了。"

孟子和陈相的对话，明白地指出，不论衣食住行，我们都是有求于人的，即使拥有上亿财产，也不见得买得到你真正想要或需要的所有东西。

173

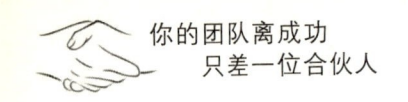

宋代有一位理学家叫做张九成。张九成告老还乡之后，对当时流行的禅宗产生了极大的兴趣，甚至专程去拜访禅学大师喜禅师。

喜禅师问他："你来此地有何贵干呀？"

他学着禅师的口吻说："打死心头火，特来参喜禅。"

禅师便说："缘何起得早，妻被别人眠。"

张九成经禅师这一说，怒声骂道："无明真秃子，岂敢发此言。"

禅师微微一笑，说道："你本非我佛中人，非要来凑热闹。我刚刚一煽风，你那边马上就起火，这种修养也能参禅吗？"

张九成这才明白喜禅师刚才是在试探他。他非常后悔，可是已经来不及了。

这个故事讲的是儒家和禅宗的关系，但也可以用来说明求人成事时的面子问题。

很多人信奉"万事不求人"或"求人不如求己"的原则，认为请求别人帮助是自己无能的表现，有些丢脸。这种看法有失偏颇。人与人之间的互相帮助是生存与生活的必然现象，而非"无能"或"丢脸"。因此，要找人办事，学会求人，就必须"打死心头火"。如果像张九成那样一听到对方的话不对自己胃口马上"火冒三丈"，这样是难以悟到求人成事的要义的。

要求人，脸皮薄可不行。所谓"人在矮檐下，不得不低头"，求人成事，脸皮薄、放不下架子是不会成功的。

20世纪80年代，艾科卡由于遭人嫉妒和猜忌被老板免去了福特汽车公司总经理的职务。面对打击，他没有消沉，而是立志重新开创一片天地。为此，他拒绝了数家优秀企业的招聘而接受了当时濒临破产的

第八章
借力合作不费力，求人帮忙不丢人

克莱斯勒公司的邀请，担任总裁。

到任后，他首先实施以品质、生产力、市场占有率和营运利润等因素来决定红利的政策。他规定，主管人员如果没有达到预期的目标，就扣除25%的红利；在公司尚未走出困境之前，最高管理阶层各级人员减薪10%。

这一措施推出后，有人反对，有人赞成。反对的人是公司的元老，认为这样做损害了他们的利益。艾科卡冷静地对待这一切，并且自己只拿1美元的象征性年薪，让反对他的人无话可说。

为了争取政府的贷款，艾科卡四处游说，找人求人，接受国会各小组委员的质询。有一次，过度劳累的他眩晕症发作，差点晕倒在国会大厦的走廊上。为了取得求人办事的成功，艾科卡把这一切都忍了下来。结果，他领导着克莱斯勒公司走出了困境，到1985年第一季度，克莱斯勒公司获得的净利高达5亿多美元，艾科卡也从此成为美国的传奇人物。艾科卡能取得如此巨大的成功，其秘诀就是"打死心头火"。

这里的"心头火"指的是高傲的自尊，而不是为了目标努力耕耘、勇往直前的热情。

求人时最忌讳的便是为了面子问题而发怒。发怒非但不能解决问题，还会得罪能帮助你的人。求人遭遇刁难时，不妨先按耐住自傲的火气，拿出你的热忱，让别人看见你真正的需要，让他了解你的目的。张三拒绝你，就去找李四，李四拒绝你，就去找王五，只要你能放下面子坚持到底，总会找到肯帮助你的人。千万别为了一时的面子而忘了求人的真正目的是"解决问题"。

当然，我们提倡的放下面子，并不是让你卑躬屈膝、低三下四，而只是让你放下"不必要"的面子，大胆地跨出去。

你的团队离成功只差一位合伙人

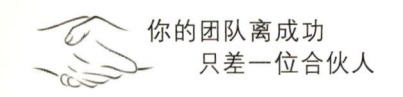

唐代诗人白居易16岁到长安应试，向当时的名士也是著名诗人顾况求助，希望对方能推荐自己。

当时，白居易还只是一个无名小辈，地位已经很高的顾况自然瞧不起这个年轻人。一看见他姓名中的"居易"二字，顾况就嘲笑他说："长安米贵，居不大易。"言下之意非常明显：我为什么要帮助你这个无名小辈呢？帮助你在长安成名又有什么意义呢？但当顾况接着看白居易递上去的诗作，翻阅到其中《赋得古原草送别》一首时，立时便来了精神。

离离原上草，一岁一枯荣。
野火烧不尽，春风吹又生。
远芳侵古道，晴翠接荒城。
又送王孙去，萋萋满别情。

这首诗写得极有气势，把自然界的草木荣枯与人生的离合悲欢联系在一起，特别是"野火烧不尽，春风吹又生"二句，表现出了一种饱受摧残而仍然不屈不挠、奋发豪迈的精神。见此，顾况不由得击节赞叹，改口称赞说："有才如此，居亦易矣！"

顾况认为白居易是个值得自己帮助的青年，于是答应了白居易的求助，帮助白居易广交长安名人雅士，并在仕途上助他一臂之力。

白居易以不卑不亢的态度，用过人的才华为自己赢得了成功的机会。

求人时，不妨想想你有什么地方值得别人帮助你：向人借钱，是不是该让人知道你有多少还钱的实力？向人求工作，是不是该让他知道你的工作能力能为他带来多少利润？向人求爱，是不是该让人晓得你值得对方爱的优点？

求人不必总是低声下气，但也不能狂妄自大。如果你是求人时的强者，不要摆出居高临下的样子，而应该表现出自己平易近人的一面，尊重对方，再配上微微一笑，使对方感到亲切而温暖。这样，就会给求人与被求双方营造一种友好亲切的气氛，解除由于你的身份、你背后的权力与经济实力加在对方头上的沉重压力。总之，身为强者的你应该放下架子，以缩短双方的距离，激发双方思想感情上的共鸣，以谦和的态度赢得对方信任并达到自己求人成事的目的。

　　而作为地位比对方低的求人成事者，则应该不为对方的权势所动，不为对方的身份、地位所左右，克服畏惧、紧张、羞怯、遮掩的不良心态，大胆地表明自己的来意。以一种"人对人"的不卑不亢态度来与对方会谈，尽可能地展示自己的才华，这样才能在求人成事时获得成功。

6.看菜吃饭，量体裁衣

　　鬼谷子曾经说过："与智者言依于博，与博者言依于辩，与辩者言依于事，与贵者言依于势，与富者言依于豪，与贫者言依于利，与贱者言依于谦，与勇者言依于敢，与愚者言依于锐。""说人主者，必与之言奇，说人臣者，必与之言私。"

　　有病不能乱投医，求人办事之前，一定要对办事对象的情况做客观的了解。只有知己知彼，才能针对不同的对于，采取不同的会谈技巧。说话不看对象就达不到求人办事的目的，因此，在求人办事的过程中，一定要根据各种人的身份地位、性格爱好和心理采取不同的处理方式，

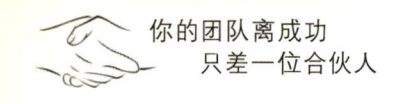

并把握分寸。

吏部有个叫刘至的人，他提拔了很多同乡。魏明帝察觉之后，便派人去抓他。他的妻子在他即将被带走时，赶出来告诫他说："明主可以理夺，难以情求。"让他向皇帝申明道理，而不要寄希望于哀情求饶。因为，依皇帝的身份地位是不可能随便以情断事的，皇帝以国为大，以公为重，只有以理断事和以理说话，才能维护好国家利益和作为一国之主的身份地位。

于是，当魏明帝审讯刘至的时候，刘至直率地回答说："陛下规定的用人原则是'唯贤是举'，我的同乡我最了解，请陛下考察他们是否合格，如果不称职，臣愿受罚。"之后，魏明帝派人考察刘至提拔的同乡，发现他们都很称职。最终，魏明帝将刘至放了，还赏了他一套新衣服。

说话要考虑对方的身份地位。刘至提拔同乡，根据的是朝廷制定的荐举制度。不管此举妥不妥当，它都合乎皇帝在其身份地位上所认可的"理"。刘至的妻子深知跟皇帝难于求情，却可以"理"相争，于是叮嘱刘至以"举尔所知"和用人称职之"理"，来规避提拔同乡、结党营私之嫌。

求人办事，除了要考虑对方的身份以外，还要注意观察对方的性格。一般来说，一个人的性格特点往往会通过他的言谈举止、表情等流露出来。比如，那些快言快语、举止简捷、眼神锋利、情绪易冲动的人，往往是性格急躁的人；那些直率热情、活泼好动、反应迅速、喜欢交往的人，往往是性格开朗的人；那些表情细腻、眼神坚定、说话慢条斯理、举止注意分寸的人，性格一般比较稳重；那些安静、抑郁、不苟言笑、喜欢独处、不善交往的人，往往性格比较孤僻；那些口出狂言、自吹自擂、好为人师的人，大多比较骄傲自负；那些懂礼貌、讲信义、实事求是、心平气和、尊重别人的人，往往谦虚谨慎。对于这些不同性格的对话对象，一定要具体分析，区别对待。

《三国演义》中，马超率兵攻打葭萌关的时候，诸葛亮私下对刘备说："只有张飞、赵云二位将军，方可对敌马超。"这时，张飞听说马超前来攻关，主动请求出战。诸葛亮佯装没听见，对刘备说："马超智勇双全，无人可敌，除非往荆州唤云长来，方能对敌。"张飞说："军师为什么小瞧我！我曾单独抗拒曹操百万大军，难道还怕马超这个匹夫！"诸葛亮说："马超英勇无比，天下的人都知道，他渭桥六战，把曹操杀得割须弃袍，差一点丧命，绝非等闲之辈，就是云长来也未必能战胜他。"张飞说："我今天就去，如战胜不了马超，甘愿受罚！"诸葛亮看"激将法"起了作用，便顺水推舟地说："既然你肯立军令状，便可以为先锋！"

性格有时会影响做事的效果。诸葛亮针对张飞脾气暴躁的性格，常常采用"激将法"来对付他。每当遇到重要战事，先说他担当不了此任，或说怕他贪杯酒后误事，激他立下军令状，增强他的责任感和紧迫感，激发他的斗志和勇气，扫除他的轻敌思想。

我们在办事时，虽然被求者的情况有种种不同，如对方的兴趣、爱好、长处、弱点、情绪、思想观念等，这些都是需要注意的内容，但身份与性格也是很重要的"情况"，不得不优先注意。因此，我们在求人办事之前，一定要对办事对象的情况了解清楚。

比如，知识高深的对象，对知识性的东西抱有极大的兴趣，不屑听肤浅、通俗的话，应充分显示你的博学多才，多做抽象推理，致力于对各种问题之间内在联系的探讨。

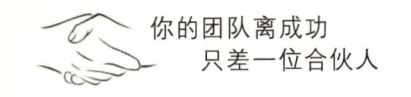

从语言了解对方，是取得胜利的关键。我们可以从对方言谈的微妙之处观察其性格特征和内心活动。在谈吐中常说出"果然"的人，自以为是，强调个人主张；经常使用"其实"的人，希望别人注意自己，这类人比较任性、倔强、自负；经常使用"最后怎么怎么"一类词汇的人，大多是其潜在的欲求未能得到满足。

此外，说话前还要揣摸对方的心理。通过对手无意中显露出来的态度及姿态，了解他的心理，有时能捕捉到比语言表露更真实、更微妙的思想。例如，对方抱着胳膊，表示在思考问题；抱着头，表明一筹莫展；低头走路，步履沉重，说明他心灰气馁；昂首挺胸，高声交谈，是自信的流露；女性一言不发，揉搓手帕，说明她心中有话，却不知从何说起；真正自信而有实力的人，反而会谦虚地听别人讲话；抖动双腿常常是内心不安、苦思对策的举动；若是轻微颤动，就可能是心绪悠闲的表现。

对办事对象的了解，不能停留在静观默察上，还应主动侦察，采用一定的侦察对策，去激发对方的情绪，才能够迅速准确地把握对方的思想脉络和动态，从而顺其思路进行引导，这样的会谈更容易成功。

7.保持适当的低姿态

自古以来，凡成功者都懂得放低姿态。周文王弃王车陪姜太公钓鱼，灭商建周成为一代君王；刘备三顾茅庐拜得诸葛亮为军师，最终有三国鼎立之势。这些都是我们耳熟能详的故事，如果没有周文王及

第八章
借力合作不费力，求人帮忙不丢人

刘备的低姿态，哪能求得赫赫成绩，从而流芳百世？

有一位博士在找工作时被许多家公司拒之门外，万般无奈之下，博士决定换一种方法试试。他收起了所有的学位证明，以最低的身份去求职。不久，他被一家电脑公司录用，做一名最基层的程序录入员。没过多久，上司发现他才华出众，竟然能指出程序中的错误，这绝非一般录入员所能比的，这时，博士亮出了自己的学士学位证书，于是，老板给他调换了一个与本科毕业生对口的工作。过了一段时间，老板发现他在新的岗位上也游刃有余，能提出不少有价值的建议，这比一般大学生高明。这时，博士亮出了自己的硕士学位证书，老板又提升了他。有了前两次的事情，老板也开始注意观察他，发现他比别的硕士更有水平，便再次找他谈话。这时，博士拿出了博士学位证明，并说明了自己这样做的原因。老板恍然大悟，毫不犹豫地重用了他。

在社会上对人低头，是一种生活方式和工作方式，与你的道德和气节无关。当你遇到一个很低的门时，你昂首挺胸地过去，肯定会把脑袋碰出一个包来，明智的做法是弯一下腰，低一下头。

你需要找工作，需要调动工作，需要开拓更广泛的人际关系。在这所有的活动之中，你可能都处于一种求人的地位，处于一种必须表现低姿态的格局之中。在这种情况下，我们要先学会放低姿态。许多人放低姿态后就老想着别人可能会很傲慢地对待你，会对你视而不见，甚至侮辱你，于是你退缩了，丧失了勇气。自此之后，你打出了"万事不求人"的招牌，宁可忍受不办事的后果，忍受不办事的麻烦，把事情搁置起来，也不去求助于人，这只能说明你的脆弱。你怎样看待自己是一回事，别人怎样看待你是另一回事，你应该把别人怎样看待你

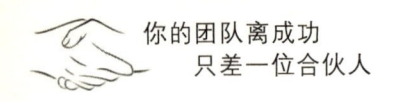

和你自身的价值分开来。

当你求助于人的时候,你内心的精神支柱应是你内在的尊严,而内在的尊严是完全摆脱他人对你的看法和评价而独立存在的。内在的尊严是你对你自己生命价值的肯定,它和别人的看法无关。

你去求助于别人,并不能说明别人比你更有价值,或说明别人比你更有尊严。它只能说明,在你要办的这件事上,别人由于种种原因比你有更多的主动权。因为主动权操之于人,所以你要表现低姿态,你表现低姿态只是为了向对方说明,在这件事情上,你的实力不如对方,你需要对方的帮助,这与你的尊严、人格无关。

你有你自己的优势,而在你实力不足的领域之中,你就需要求别人办事以解决自己的问题。正如你找医生看病要付钱一样,你找别人办事也要付出一定的代价——面子。

学会在适当的时候保持适当的低姿态,绝不是懦弱的表现,而是一种智慧。学习谦恭,学习礼让,学习盘旋着上升,这既是一种人生品位,也是一种境界,让我们脚踏实地地攀上成功的高峰。

8.让他人主动帮你忙的技巧

生活中,向人求助时,需要掌握一些策略和技巧。

(1) 一阶一阶往上登

如果一下子提出一个较大的要求,人们一般都会拒绝;而如果逐步提出要求,不断缩小差距,人们就比较容易接受。这就是所谓的"登门槛效应"。这主要是由于人们在满足小要求的过程中已经逐渐适应,意识不到逐渐提高的要求已经大大偏离了自己的初衷。

一列商队在沙漠中艰难地前进，昼行夜宿，日子过得很艰苦。

一天晚上，主人在帐篷里安静地看书，忽然，他的仆人伸进头来，对他说："主人啊，外面好冷啊，您能不能允许我将头伸进帐篷里暖和一下？"主人很善良，他欣然同意了仆人的请求。

过了一会儿，仆人说道："主人啊，我的头暖和了，可脖子还冷得要命，您能不能允许我把上半身也伸进来呢？"主人又同意了，可帐篷太小，主人只好把自己的桌子向外挪了挪。

又过了一会儿，仆人又说："主人啊，能不能让我把脚伸进来呢？我这样一部分冷、一部分热，又倾斜着身子，实在很难受啊。"主人又同意了，可是帐篷太小，两个人实在太挤，他只好搬到了帐篷外边。

两个人做过一次有趣的调查，他们去访问郊区的一些家庭主妇，请求每位家庭主妇将一个关于交通安全的宣传标签贴在窗户上，然后在一份关于美化加州或安全驾驶的请愿书上签名。这是一个小而无害的要求，很多家庭主妇都爽快地答应了。

两周后，他们再次拜访那些合作的家庭主妇，要求在她们院内竖立一个倡议安全驾驶的大招牌——该招牌并不美观——保留两个星期。结果，答应了第一项请求的人中有55%的人接受了这个请求。

之后，他们又去拜访了一些上次没有接触过的人，并直接提出了树招牌的要求，这些人中，只有17%的人接受了该要求。

有一个人得了高血压，夫人遵照医嘱，做菜时不放盐，丈夫口味不适应，拒绝进食。后来，夫人将医嘱折中了一下，每次做菜少放一点盐，每次递减的程度很小，渐渐地，丈夫便习惯了清淡的味道，即使

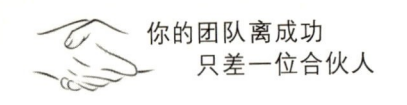

一点盐不放，也不觉得难吃。

这些都是成功运用"登门槛效应"的案例。想让别人做一件事，如果直接把全部任务都交给他，往往会让人产生畏难情绪，从而拒绝你的请求；如果化整为零，先请他做开头的一小部分，再一点一点请他做接下来的部分，他就会想，既然已经开始都做了，那就善始善终吧，从而帮忙到底。

(2) 告诉他，他不做是因为他不敢去做

人的心理有一种特性，越受压迫，反抗心越强。如果你要他人办一件什么事，在请求没有用的情况下，可以反向地刺激他，将对方激怒。"你不去做，是因为你不敢去做吧？""我想你可能也没什么办法。"你这样说，对方心里一定会想："谁说我不敢？""你怎么知道我没有办法？""我偏要做给你看！"这样，你就达到了自己的目的。

在《西游记》中，孙悟空就经常对猪八戒使用激将法，让他主动去降妖。激将法往往能在争强好胜、虚荣心强的人身上起到比较明显的作用。比如，你去逛商店，售货员看你穿戴不怎么样，就蔑视地对你说："这件衣服太贵，您恐怕买不起。"你可能会勃然大怒，人活一口气，一定不能让对方把你看扁了，"有什么了不起的，我今天还真买了。"于是，不管自己是否喜欢或是否需要，你一怒之下就将它买了下来。

在《红楼梦》中，王熙凤是个很厉害的人物，她周围的人不受到她的算计就不错了，怎么求她办事呢？其实，只要了解了她争强好胜的心理，让她办事并不难。

老尼净虚在长安县善才庵出家的时候，认识了一个张大财主的女

第八章　借力合作不费力，求人帮忙不丢人

儿——金哥。金哥到庙里进香的时候，被长安府府太爷的小舅子李衙内看中，要娶她，可她已经被聘给了原任长安守备的公子。两家都要娶，金哥家左右为难。守备家不管青红皂白，上门来辱骂，张家被惹急了，想退还聘礼，所以派人上京城寻找门路，希望能找个中间人写一封信，解决这件事。只要能顺利退了聘礼，张家愿意倾家答谢。

凤姐漫不经心地听净虚说这事，然后表明了自己的态度：我又不等银子使，所以也用不着去帮这个忙。

这时，净虚使出了激将法。她说："虽如此说，张家已知我来求府里，如今不管这事，张家不知道没工夫管这事，不稀罕他的谢礼，倒像府里连这点子手段也没有的一般！"

这句话让凤姐立即改变了态度，大声说："你是素日知道我的，从来不信什么阴司地狱报应的，凭是什么事，我说要行就行！……你叫他拿三千两银子来，我就替他出这口气！"

这句话正中了净虚下怀。她马上赔笑说："是的，既然你已经答应了，那明天就'开恩'办吧？"

凤姐自我膨胀，马上说："你瞧瞧我忙的，哪一处少得了我？既应了你，自然快快了结。"

净虚又乘机奉承她："这点子事，在别人的跟前就忙得不知怎么样，若是奶奶的跟前，再添上些也不够奶奶一发挥的。只是俗语说的，'能者多劳'，太太因大小事见奶奶妥帖，越发都推给奶奶了，奶奶也要保重金体才是。"

一路话让凤姐听得十分受用，静虚求凤姐办的事自然也不在话下。

当净虚"恳求"凤姐的时候，凤姐表现得很漫不经心，"这点事我才懒得帮呢"是她当时的心理；而后面净虚说"倒像府里连这点子手

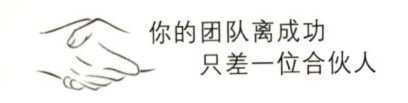

段也没有的一般"，反而激发了王熙凤好强的心理。

所以，当你想让别人做某件事，而"恳请"没有用的时候，不妨利用他想表现自己的心理以及逆反心，若无其事地用一用激将法，也许更容易达到预期的目标。这个方法对于那些好胜心强、虚荣心强、自我膨胀欲望强烈的人更加受用。我们经常看到老师和家长们在小孩的教育上用这一招，很多孩子都会乖乖中招。

小雅是一名很会教孩子的幼师，她教孩子们唱歌、做游戏，孩子们都乖乖地听她的话。在别的老师的课堂上，孩子们都乱成一气，全然不顾老师的话，很是调皮，只有在她上课的时候，孩子们才积极主动地被她牵制。比如，当孩子们对英文单词不感兴趣的时候，她会说："你们来试试，大概写不出来吧？"她一边说，一边在黑板上写一个正确的新词，让孩子来模仿。这时，孩子们就会争先恐后地举手希望来试试，以证明自己是个聪明的孩子。就这样，孩子们的学习兴趣被她轻松地调动了起来。

孩子们的自我表现欲望很强烈，大人们其实也一样。你如果总是对人说"你应该这样去做……""我求你去做……"，倒不如对他说"我不相信你能做好"效果更好。

(3) 找到一个人就行了，避免"责任分散"

有时候向很多人求助，不如向某一个人求助，并强化他的责任。也就是说，认定了某一个人能帮助你，就不要给太多人踢皮球的机会。

虽说助人为快乐之本，但并不是每个人在每种情况下都愿意帮助别人，特别是当人们觉得自己"没有责任和义务"去帮助他人的时候。而什么情况会导致人们认为自己"没有责任和义务"呢？那就是人多的情况下。

第八章
借力合作不费力，求人帮忙不丢人

我们小时候听的故事"一个和尚有水吃，两个和尚抬水吃，三个和尚没水吃"，就是这个情况的典型反映。你以为人多力量大，其实，有时候人多力量反而小，1+1<2的情况经常有，因为人们身上普遍都存在着惰性和依赖性，在大家一起工作的时候，这种现象会更加突出。比如，我们经常在找他人办事的时候遭遇被多个人"踢皮球"的情况，对方你推我、我推他，结果没有一个人愿意为你解决问题。

售前部的小罗接到了B地客户打来的电话，客户发出了最后通牒，项目建议书如周五前还不能提交则后果自负。于是，小罗开始走售前支持流程，请相关部门协助。

首先，小罗按售前支持流程找到方案准备部，请他们写。但该部张经理抱怨说另一个大项目下周就要投标了，老总还亲自过问了这事，这几天，全部门的人搭上技术部加班加点地干，根本没有空写。

见此，小罗只好直接找技术部，毕竟项目的最终实施由技术部负责，而且现在技术部正做着同类项目在A地区的开发。但技术部经理说B客户合同还没签，应该是方案准备部的事，况且技术部现在也没空写。

见小罗一脸无奈的样子，经理便给他指了一条路：原先在项目组的小林现在有空，看看他是否愿意帮忙。

小罗心里一喜，赶紧去找。听明来意后，小林说，虽然他现在有空，但也帮不了忙，因为写这份建议书涉及B地的许多资料，他一直没接触过，看过资料后再写要花至少一周时间。

可怜的小罗就在单位中被人踢来踢去，问题还是没解决，结果被老总骂了一顿。

你的团队离成功只差一位合伙人

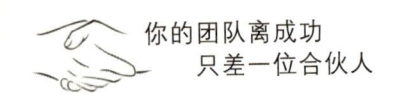

如果要求一个群体共同完成任务，群体中的每个个体的责任感就会被削弱，面对困难、担当责任时往往会退缩。因为当一件事情可以做的人多了，人们就会觉得并非一定要自己做。人们会想："既然大家都可以做，凭什么要我做？""他能帮你，你去找他吧！""我还是少管闲事吧！"这种现象在心理学上叫"责任分散效应"。

在美国郊外某公寓前，一位年轻女子在回家的路上遇刺。她绝望地喊叫："杀人啦！救命！救命！"听到喊叫声，附近住户亮起了灯，打开了窗户，凶手吓跑了。当一切恢复平静后，凶手又返回作案。当她又叫喊时，附近的住户又打开了电灯，凶手又逃跑了。当她认为已经无事，回到自己家楼上时，凶手又一次出现在她面前，将她杀死在楼梯上。在这个过程中，尽管她大声呼救，她的邻居中至少有38位到窗前观看，但无一人来救她，甚至无一人打电话报警。

当别人遇到紧急情境时，如果只有他一个人能提供帮助，他会清醒地意识到自己的责任。而如果有许多人在场，帮助求助者的责任就由大家来分担，造成责任分散，每个人分担的责任很少，从而产生一种"我还是少管闲事""会有人救她的"的心理。

所以，请求别人帮忙的时候，一定要考虑到他人是否有责任分散的心理。而要打破这种心理，就要让对方感到帮助你是他一个人的责任。

小李在下班回家的路上遇到一个小孩子落水了，很多人在围观，却没有一个人跳下水去施救。小李非常着急，他想救人，自己却是个旱鸭子。怎么办呢？

这个时候，他看到围观的人中有一个他认识的人——小区外面报刊亭的杨老板。他知道杨老板经常游泳，于是，他大声朝杨老板喊道："杨老板，还不赶快救人啊！"随着小李的喊声，大家的目光都投向了杨老板。

　　杨老板马上不好意思了，觉得自己再不救人，就会受到众人的唾骂，于是赶紧跳下水去。

第九章

提升魅力，用专属优势吸引合伙人

1.创造出自己的"不可替代性"

如果你没有专属于自己的优势，也就是你的核心竞争力，那你就很容易被别人取代。你在选择合伙人的时候，考虑的一定是对方身上有哪些独特的亮点。同样，别人在与你合作的时候，看的也一定是你的不可替代性。所以，要让自己成为重量级合伙人，就要提升自己的核心竞争力，创造自己的不可替代性。

成功心理学发现，每个人都具有某项与众不同、独一无二的优势。所以，你要认识自己的能力，发挥自己无穷的潜能。

在1955年以前，乔羽先生创作了各类文学体裁的作品，但就是没有什么真正意义上的成功。1955年，他受邀为电影《祖国的花朵》创作了歌词《让我们荡起双桨》，使他一举成名。从那以后，很多电影导演都请他写歌词。这时，他才真正意识到歌词创作是他独特的优势。于是，他决定不再写其他体裁的文学作品，专攻歌词创作这一项。后来，他成为国内著名的词作家，创作出很多优秀作品，包括《我的祖国》《难忘今宵》等经典歌曲。显然，在歌词创作领域，乔羽先生凭借自己独一无二的优势取得了独一无二的成功。

其实，每个人的潜能是无穷的，但需要你去开发。潜能开发了，本领强大了，成功自然水到渠成。

我们每个人都拥有方方面面、形形色色的巨大潜能，但很多人都不知道去开发、利用，让它始终处在沉睡状态。

著名心理学家詹姆斯说："我们只不过清醒了一半。我们只运用了身体上和精神上的一小部分资源，未开发的地方很多很多，我们有许多能力都被习惯性地糟蹋掉了。"

美国著名的富尔顿学院心理学系的学者说："编撰20世纪历史时可以这样写：我们最大的悲剧不是恐怖的地震，不是连年战争，甚至不是原子弹投向日本广岛，而是千千万万的人生活着然后死去，却从未意识到存在于他们身上的巨大潜能。"

没有发现自己潜能的人都是还没有清晰地认识自我。"认识自我"是镌刻在古希腊戴尔菲城那座神庙里唯一的碑铭，犹如一把千年不熄的火炬，表达了人类与生俱来的内在要求和至高无上的思考命题。尼采曾说："聪明的人只要能认识自己，便什么也不会失去。"而我们每个人都有无穷无尽的潜能，每个人都有自己独特的个性和长处，每个人都可以选择自己的目标，并通过不懈的努力去争取属于自己的成功。

认识自我是我们每个人自信的基础与依据。即使你所处的环境不好，遇事总是不顺心，但只要你赖以自信的巨大潜能和独特个性及优势依然存在，你就可以坚信：我能行，我能成功。

一个人在自己的生活经历中，在自己所处的社会境遇中，能否真正

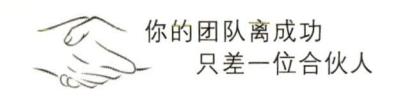

认识自我、肯定自我，如何塑造自我形象，如何把握自我发展，如何抉择积极或消极的自我意识，将在很大程度上影响或决定着一个人的前程与命运。换句话说，你可能渺小而平庸，也可能伟大而杰出，这在很大程度上取决于你的自我意识究竟如何，取决于你是否拥有真正的自信。请你一定要记住，你就是一座金矿，只有你足够自信、自主、自爱，你才能在自己的人生中展现出应有的风采。因此，认识自我这一过程，也是悦纳自我、培养自信心、发掘潜能，最终达到自我实现目标的过程。

很多人总喜欢拿自己同别人比较，用别人的观点、方式来衡量自己，或满心失落，或沾沾自喜。其实，人最重要的还是和自己比，看到自身的优势所在，找到适合自己的定位点，然后坚定、自信地走好自己的路。

如同天底下没有相同的树叶一样，每个人身上都有自己不同于他人的优势，让我们做个聪明人，别光盯着自己的弱点，好好找找自己的优势潜能，并把它发挥出来。

2.善于向别人传递你的"可利用价值"

这是一个圈子时代，圈外的人想进去，圈内的人不想出来。各式的圈子人以群分，小人物与大人物更多时候只能是两条互不打扰的平行线，能否相交，还得看你的交际能力。

衡量一个人的人际交往能力，看他的交际圈就知道了。

如果他交际甚广，在不同层面、不同行业都有关系不错的朋友，且年龄横跨60后、70后、80后，则说明他的人际交往能力超强；反之，如果朋友大都局限在业内，死党无非就是那些同学加同事外加同行，则说明其朋友圈比较单一，社交范围相对较窄。

此外，你交往的朋友还能侧面反映你的身价和人际交往能力。如果一个人身边的朋友大都优秀出色，比他强的大有人在，则证明他的实力和人际交往能力不错。如果身边的朋友混得还不如他，则可能存在"选择性交往"的心理倾向，即习惯选择自己的交往舒适区——选择与自己水平相仿或实力较弱的人交往，对强者（大人物）存在心理畏惧和敬而远之的心态。这往往也是小人物的交往心理。

在如今这个商业社会，任何一个职业人都无法独善其身，是否善于和比自己强或不喜欢的人交往，善于在一个不喜欢的环境中折腾，这是衡量一个人社交成熟度的标志。

(1) 发掘你的独特价值

新东方创始人俞敏洪曾说，很少人能和与自己地位相差太远的人建立真正的人脉关系。不过没必要太悲观，小人物与大人物的交往，就算不是真正的朋友关系，能达成商业合作关系也是双赢的开始，但前提是小人物能为大人物提供独特的价值。

这里的"价值"，换个更贴切的说法就是"被利用价值"，你越有用，就越容易建立坚强的人脉关系。如同建立个人品牌一样，与其匆忙花费精力漫无目的地认识朋友，不如事先确定好自己的价值定位，然后针对目标群进行有针对性的传播。

任何一个小人物都有自己的独特价值，"我的优势在哪里？""我有哪些独特价值？"这些是与大人物打交道的敲门砖。

(2) 巧妙传递你的价值

在人际交往中，要善于向别人传递你的"可利用价值"，从而促成交往机会，彼此更深入地了解和信任对方。无论是网络"弱连接"还

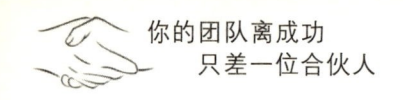

是日常交往，大多数人都是在几秒或1分钟之内就判断和你交往是否有价值，甚至决定是否要与你交往。

在与大人物打交道的过程中，只要保持平常心，尊重自己的价值，并将自己的价值巧妙传递出去，你就能找到与大人物之间的交集。

（3）成为人脉关系的搜索引擎

如果你只是接受或发出信息的一个终点，那么人脉关系产生的价值是有限的；但是，如果你能成为人脉中的搜索引擎，那么别的朋友甚至是大人物也会更乐意与你交往，你也能促成更多的机会，从而巩固和扩大自己的人脉关系。

聪明人懂得利用一切机会让自己在重要场合"抛头露脸"，因为这样可以让更多的人认识自己，扩大自己寻找合作伙伴的范围。

当然，在重要场合"曝光"是需要很大勇气的，所有想要通过合作实现创业的人，都应该尝试着克服羞怯心态，高调地在重要场合"曝光"自己，让更多人认识你，并赢得更多与人合作的机会。

仅仅是在重要场合"曝光"自己当然还远远不够，重要的是要在重要场合给人留下深刻的印象，也就是要学会推销自己，提高自己的知名度。在竞争激烈的商海里，个人形象和知名度不是小事。为什么有些本来非常杰出的人，在商海里却始终默默无闻？原因之一便是他们不注意宣传自己，或者宣传了却又弄巧成拙，这更为糟糕。同样地，有些人也许对某项重要的工程或生意非常有兴趣，却仅仅因为没有主动表示出他们的兴趣而遭到忽视，最终导致创业失败。

想要让更多的人认识你，最关键的就是要学会提高知名度。用作家斯托勒的话说，每个单位或每个行业部门内都有其"高知名度精英群"。这些人为业内人士所熟知，并受到人们的尊敬。但在本部门之外，他们的知名度就没那么高了。如果你也是其中之一，你就需要不断地寻找机会宣传你自己——你的主张和价值，以提高你的知名度。

第九章 提升魅力，用专属优势吸引合伙人

斯托勒还为那些想要在重要场合"曝光"自己的人提供了提高知名度的指南：

第一，习惯于"出版"自己的工作成绩，指署有你名字的报告、书信、特写、文章或书籍。

第二，多参加一些社交活动，让人们能经常看到你的身影。

第三，积极与人联系，包括单位内外都要联系。

第四，参加某些团体，比如一些对口的专业协会、互助团体，并经常赴会。

当然，宣传自己时也要遵循一定的原则，过于明显的个人宣传会适得其反。因此，在宣传时不要弄许多花招噱头，以免显得哗众取宠。就像美国"第一夫人"希拉里·克林顿对她的支持者所说的："如果我想在报纸头版上露面的话，只需换一下发型就行了。"

要让你的业绩在人们口中自由传播，要了解有哪些专业的影响手段，而不是随便地找一些世俗的方法。此外，让别人扮演你的宣传代理的角色，会收到极佳的效果。

关于如何让更多的人认识你的问题，我们还可以做到更多：

第一，积极参加各种仪式。

有的企业一遇到职员有红白喜事，就喜欢举行一些仪式；有的企业则喜欢在员工出国或退休、结婚或添子时举办派对，送点礼物；有的企业还会为员工升职、新员工入职或解决了一个大难题而来个小小的庆祝典礼。

尽量多地参与这种活动，并在这种场合里做段演说，或者送点什么礼物，并保证不显尴尬、不出洋相，这样，你的个人形象、知名度一定会增色不少。

只要是在社交场合里，你就没有下班这一说，你是本单位的全权代表，重任在身，因此，你必须衣着适当、举止得体、饮酒有度，还要让

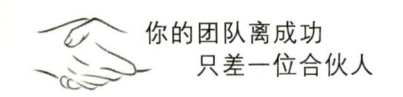

自己在人群中光彩夺目。在一些大型社交聚会中，如某个退休欢庆会之类的大聚会，会碰到许多生意上的朋友和熟人，还有许多陌生的面孔，在这种情况下，你就有了一些给人留下印象的大好时机。

再比如在某个婚礼上，如果大家还不认识你，你就要向新郎、新娘及其父母作一番自我介绍，说说你是谁、为什么会前来参加婚礼、代表谁来的等，然后呈上你的礼物，并恰当地祝福新人。这样，他们一定会对你的举止印象深刻并心存感激。

享受一下这种聚会的气氛和环境，观察一下形形色色的人们，当然，不要忘记自己此行的目的：让自己充分"曝光"，以便让更多的人认识你。

第二，组织一个漂亮的聚会。

如果你是聚会的主人，要尽量让你的客人和你都感到有趣，要让他们记住这段快乐的时光，并觉得你不愧为一位细心而好客的主人，这样，一定会有很多人在这次聚会上记住你。为此，你应好好计划一下，或者将它委托给某个具有丰富组织经验的高手。

3.学无止境，努力提升自己的实力

有句老话说得好："活到老学到老。"在这样一个日新月异的时代，如果你不能通过自身努力提升自己的能力，不仅无法得到合伙人的青睐，还会渐渐被社会淘汰。不断学习，提升自身能力，已经成为时代的需要。

想要提升自己就要不断学习，所以，经常参加一些培训班或研习会

第九章 提升魅力，用专属优势吸引合伙人

是必不可少的。这样，不仅可以学习到一些新的知识和观念，还可以进一步了解未来商业的趋势。这些专业的培训班或研习会不同于学院式的正规教育，参加培训班或研习会的人大多早已进入社会，都是一些有着成功创业经验的人，而且是一群力求上进、想通过找到合适的合伙人扩大企业发展的人。

在这个提升自己的过程中，每个人的学习方式和结果都是不一样的。在相同环境条件下，会学习的人比不会学习的人学得更多、更快、更好。参加这种商业会议的人来自不同的群体、不同的行业，但这些并不重要，重要的是他们都有爱好学习、热爱成长、追求事业成功这一共同目标。在这种互动的过程中，可以使双方相互了解，从而为促成合作打下坚实的基础。

当今社会知识更新速度太快了，而创业过程本身就是一个不断深造、不断积累、不断提升的过程。如果不学习，不接受新事物，不用新知识、新理念、新技术武装自己，最先被淘汰掉的可能就是你。

美国的创业者，在初入商海的时候，都会参加许多培训班和研习会。他们参加的研习会多半是一年聚会一次，然后由每个会员平均分摊所有交通和住宿费用。他们每次的出席率，除了天灾人祸不可抗因素外，一般都高达100%。他们有一个共同的默契，就是会中所讨论的每一件事都要保密，所有的资讯都只跟会员分享。他们彼此都变成了非常亲密的好朋友，同时会经常联络，有事互相帮忙。

他们每一位会员都有属于自己特别的气质与出众的个性，所以每一个人都能受到别人的尊重，绝对没有人会因为业绩的好坏而受到不平等对待。

这种研习会对任何一个行业都是一个很不错的组织，因为它可以激

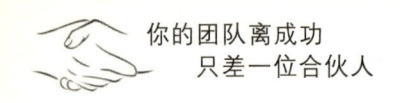

励与会者产生更伟大的梦想，怀抱更远大的企图，让你知道你可以做远比现在伟大许多的事业。

想要在商界有所作为的人一定要坚持终身学习，让自己每天进步一点点。在你开始用更多、更新、更广的知识为自己的大脑和心灵"充电"时，你会渐渐地发现，除了"实用"以外，由"充电"带来的"副产品"——商业人脉——也是非常可观的。

现代社会为想让自身能力有所提高的人提供了一切可能的学习机会，而且只要你留心学习，无论通过哪种途径，也无论在什么地方，都可以实现学习的目的。时间最易流逝，也最值得我们珍惜，抓紧时间工作，抓紧时间学习，否则当时间逝去的时候，就再也没有重新开始的机会了。

要知道，学习与否的选择权掌握在你自己手中。如果你说自己事业太忙挤不出学习的时间，整日操心劳累没有学习的精力……可以找的借口很多，但没有一个能成为你放弃学习、放弃继续提升自己能力的理由。

4.热情可以最大限度地打动别人

热情可以激发你的最大潜能。查尔斯曾说："一个人，当他有无限热情时，就可以成就任何事情。"当你被欲望控制时，你是渺小的；当你被热情激发时，你是伟大的。托尔斯泰也曾说过："一个人若是没有热忱，他将一事无成。"在人与人交往时也是这样，热情就是人与人之间的黏合剂。

第九章 提升魅力，用专属优势吸引合伙人

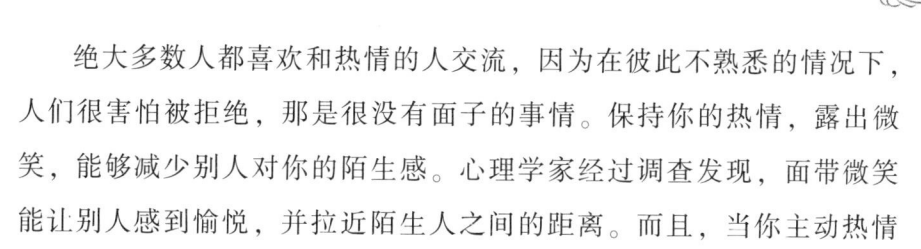

绝大多数人都喜欢和热情的人交流，因为在彼此不熟悉的情况下，人们很害怕被拒绝，那是很没有面子的事情。保持你的热情，露出微笑，能够减少别人对你的陌生感。心理学家经过调查发现，面带微笑能让别人感到愉悦，并拉近陌生人之间的距离。而且，当你主动热情地找到话题后，大家就可以顺着话题说下去，不必再费尽心思地去找合适的话题，以免陷入冷场的尴尬境地。

首先，要让别人看到你的主动，感受到你的温暖。这样，你就会赢得别人的信任，交流起来也会变得很容易。

一位推销员讲了一个他自己的故事：

那是1999年的一天，一对老夫妇来到柜台前，我马上上前打招呼。看看热水器，老夫妇俩说想购买一台电热水器，不知购买进口的还是国产的。我细揣摩用户的心理，问他们想选多大容量的，他们说不清楚，我便向他们推荐了一款康泉热水器。他们问康泉热水器是哪生产的，我告诉他们是浙江生产的。他们有些犹豫，我便耐心细致地向他们介绍康泉热水器是国内最早生产热水器的厂家，与其他品牌热水器的不同之处在于它是双管两端加热，它的内胆是不锈钢加全瓷的，还有磁化器装置等。经过我耐心细致的介绍，夫妇俩对康泉热水器有了好感，可当时并没有购买，而是说再转一转，我说好的。没过几天，夫妇俩又来到了柜台前，我又细致地介绍了一遍，夫妇俩特别满意地说："不用再介绍了，我们到过其他商场，他们介绍得可没有你这样详细热情，所以还是到你这里来购买了，我还要去向别人推荐，让他们也到你这里来购买。"

毋庸置疑，这个销售员是成功的，他的主动热情打动了别人。同样的产品，这对夫妇却更愿意来他这里买，是因为这名推销员的热情让

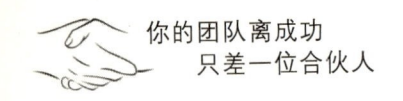

他们觉得他更值得信赖。这就是一次成功的交流，试想，如果顾客问一句你答一句，那会是什么样子呢？

其实热情很简单，一个善意的眼神、一个美丽的微笑都能让人感到温暖。当别人需要帮助的时候，主动一点帮忙。当过道狭窄时，你微笑让道；当你看见心仪的对象时，主动上前搭话，等等，这些都是热情的表现。如果你一脸冷漠，那你传达给别人的信息就是你这个人很冷漠，不愿意与人交往，如此，就不会有人来和你说话，因为大家都怕碰钉子。

其次，人与人的交往是双方的、互动的，主动向别人介绍自己可以得到大家的响应。

在某次博物馆的单身者郊游活动中，37岁的旅行社代理人贝丝看上了其中一位团友尼尔，一位35岁的英俊飞机师。贝丝觉得像尼尔这种长得很好看的男人通常都没有安全感，于是，她决定依赖恋爱类型的接触技巧来安排第一次相遇。

她一面享受着在博物馆的时光，同时不忘在尼尔每次经过她身边时，给他一个短促的眼神交流。当尼尔第三次经过她身旁时，贝丝决定采取行动。尼尔一动不动地专注于一幅毕加索的画作，贝丝匆匆地走过他身旁并且回头轻声地说："我觉得毕加索这部作品比其他的都好。"不等待他有任何回应，贝丝继续走向另一个展览厅。

"抱歉，请问你是艺术学系的学生吗？"尼尔紧张地问道，同时尝试阻止她离去。其实，他一整天都在观察贝丝，他被这位神秘的女士吸引了。"如果我遇到一位好老师，我想我会是。"贝丝带着淘气的笑容回答。令人惊喜的是，当贝丝和尼尔一起共度下午剩余的时间时，她发现他竟然是一个很好的老师。他带领她欣赏艺术作品，之后他们又一起共进晚餐，享受着在一起的时光。

第九章　提升魅力，用专属优势吸引合伙人

最后，熟悉能增加人际吸引的程度。

心理学家曾做过一个关于"邻里效应"的实验。

20世纪50年代，美国社会心理学家对麻省理工学院17栋已婚学生的住宅楼进行了调查。这是些二层楼房，每层有5个单元住房。住户住到哪一个单元，纯属偶然，哪个单元的老住户搬走了，新住户就搬进去，因此具有随机性。调查时，所有住户的主人都被问道：在这个居住区中，和你经常打交道的最亲近的邻居是谁？统计结果表明，居住距离越近的人，交往次数越多，关系越亲密。在同一层楼中，和隔壁的邻居交往的概率是41%，和隔一户的邻居交往的概率是22%，和隔三户的邻居交往的概率只有10%。多隔几户，实际距离增加不了多少，但亲密程度却有很大不同。

可见，与人交往得越多，你们的关系就越亲密。如果其他条件大致相当，人们会更喜欢与自己邻近的人交往。处于物理空间距离较近的人，见面机会较多，容易熟悉，产生吸引力，彼此的心理空间也容易接近。我们经常说"远亲不如近邻"，是因为我们和邻居接触多，而与相隔较远的亲戚接触少。所以，生活中经常出现一些"近水楼台先得月"的事情。这个现象，在心理学上被叫作"邻里效应"。

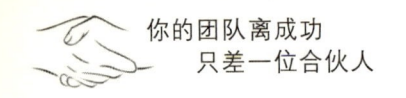

5.功劳归于他人，过错留给自己

卡耐基曾说："事无巨细都要自己亲自插手，并把一切名誉统统归于自己的人，是不会成就什么伟大事业的。"

因为，在交际过程中，"有难同当，有功独拿"是处理问题的大忌。把功劳归于别人，不仅能表现出你的风度，还能在无形之中增加你的个人魅力，为自己赢得一些支持或赞扬。但有些人却因为不能抗拒名利的诱惑，而选择牺牲下属的利益。

著名的圣路易斯城执行官威尔金森曾对斯图尔特说："现在，我想起了以前的一位执行官，他总能在与我相关的店里开理事会时提出一些新意见。对这些意见，他十分自负，还会为了我能采纳这些意见而不懈地努力奋斗。因为，这些意见多数都很中肯实用，所以，我们也采用了许多。于是，他就到处制造舆论，好像所有的功劳都是他自己的。"

"可是，随后我就发现，其实，这些意见几乎都是他从下属那儿得来的，而他从未向他的下属表达过什么。在知道事实的真相后，很多下属十分愤怒，本来他管辖的部门的纪律是很好的，就是因为这件事，那个部门被弄得一团糟。"

"相反，如果这个执行官对我们说：'昨天，比尔·琼斯提出了一个建议，我觉得特别好。现在，我就向大家汇报一下，请大会审议。我的下属能为公司发展提出这么好的建议，我为此而感到骄傲，能有这样的下属是我莫大荣幸。'这样就能做到皆大欢喜。"

第九章 提升魅力，用专属优势吸引合伙人

这位执行官过于"自我膨胀"，最终导致了自己的失败。而真正的大人物未必要时时追逐名利，他应该尽可能地让他人有赢得名利的机会，至少应与他共享这种荣誉，这是他们赢得部下的支持与拥戴的最佳策略。

一位高明的领导，不但会与部属一起分享荣誉，有时还会故意把本属于自己的那份功劳推让给部属。对方必定会将此恩牢记在心，平时或许没什么，但在出现问题时即可发挥作用，甚至会有意想不到的结果。如果每个人都可以持有这种态度，相信大家所得到的喜悦是不可限量的。

当然，除了要舍得推功，还要勇于揽过。人生难免遭遇别人的过错，在适当的时候把过错归于自己，能为自己赢得人心，如此，当你有求于别人的时候，也会很顺利地得到帮助。

周襄王二十五年，秦穆公不听蹇叔、百里奚等人的苦劝，趁晋文公病逝、晋国无暇他顾之机，派孟明视、西乞术、白乙丙等人出兵伐郑，结果在崤山遭到伏击，全军覆没，三将被擒。多亏文嬴巧使计谋，才保住了三将性命。

孟明视等人逃回国内的消息一传出，立刻有人来见秦穆公，对他说："孟明视、西乞术和白乙丙身为秦将，丧师辱国，罪在不赦。"

还有人说："他们三个统率秦国子弟出关，现在只有他们三人生还，其余全部抛尸崤山，实在可恶，应杀之以谢国人。"

更有人提醒说："当年城濮之役，楚军战败，楚君杀元帅成得臣以儆三军，君主你应当效法此举。"一时议论纷纷，众口不一。

秦穆公听了，对大家说："这次出兵是我不听蹇叔、百里奚的劝告，导致失败，所有罪责都由我一人承担，同其他人毫无关系。"

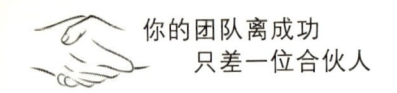

秦穆公知道，孟明视等人乃秦国不可多得的勇将，目前秦晋争霸中原的序幕才刚刚拉开，自己正在用人之际，此时杀将对自己有百害而无一益。况且，晋襄公放回三将，显然是要借刀杀人，如此既能除掉仇人，又能获得秦国的好感。胜败乃兵家常事，凭他们三人的本领，将来总有一天能报此仇。

于是，秦穆公不顾众人反对，全身白衣，亲自到郊外迎接孟明视、西乞术和白乙丙，见面后哭着向他们表示安慰，并对死去的将士表示悼念。孟明视等人非常感激，发誓要效命秦穆公，报仇雪恨。

不久，秦穆公又任命孟明视、西乞术和白乙丙三人为将，统率军队。三人后来感激秦穆公宽容大量，忠心报国，辅佐秦穆公整顿战备，加强军队训练，提高军队战斗力，终于在四年之后打败了晋军。

秦穆公代将受过的举措有一石三鸟之功效：其一，勇于承担责任，不推过于人，体现了自己的担当；其二，允许别人犯错误，给人以改正错误的机会，表现了自己的宽容；其三，笼络了人心，提高了自己的威望，使下属更加忠于自己。

想要在与人合作的时候得到别人的支持或者帮助，就要懂得为别人着想，甚至必要时要勇于承担共同犯下的错误。这样，不但能体现出自己的人格魅力，也为你们今后的合作赢得了很好的契机。

将功劳归于他人，将过错留给自己，哪个人会不喜欢同他合作呢？

第九章
提升魅力，用专属优势吸引合伙人

6.永远让对方感觉到他的重要性

有个心理学家曾经说过，每个人的心里都有一个无意识的标签，就是希望别人尊重自己，感觉到自己的重要性。如果在有求于人或者与人沟通的时候懂得在无形之间让对方感受到自己的重要性，对方就会觉得自己受到了尊重，这样，谈起事情来就会顺利很多。

第一次世界大战战况十分惨烈，美国政府迫切需要看到和平的曙光，威尔逊总统决心为此而努力。他准备派遣一位私人代表作为和平特使，与欧洲军方进行协商、合作。国务卿勃莱恩一贯主张和平，而且他知道这是名垂青史的最好机会，所以，他非常希望自己能被威尔逊选中。但威尔逊却委派了他的好朋友赫斯上校。赫斯上校当然万分荣幸，但如何将这一消息告知勃莱恩又不触及他的自尊，却是一件十分棘手的工作。

"当听说我要去欧洲做和平特使时，勃莱恩显然十分失望，他说他曾打算去干这事。"赫斯上校在日记中这样写道，"我回答说，总统认为其他人正式地去做这件事不大适宜，而派你去，则目标太大，容易引起注意，会有太多猜疑，为什么国务卿要到那里去？"

从赫斯上校的话中，我们可以听出一些弦外之音，他等于在告诉勃莱恩，他太重要了，不适宜亲自去做这一工作。就是这么简单的一句话，使勃莱恩的虚荣心获得了满足。赫斯上校十分精明，他在处理这一事件的过程中遵守了人际关系中的一个重要准则：满足他人的虚荣

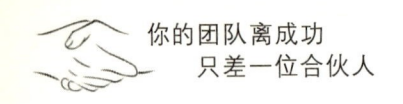

心，永远使对方觉得自己很重要。

在社会交往中，获得尊重既是一个人名誉地位的显示，也是对他的品行、学识、才华的认可。无论是年长者还是年轻者、位尊者还是位卑者，每个人都期望别人能尊重自己。

拿破仑称帝时，他是如何安抚那些为他出生入死的将士的呢？据说，他一共颁发了1500枚徽章给他的将士，赐封他的18位将军为"法国大将"，称他的部队为"王牌军"。有人批评这是拿破仑给老练精兵的一些"玩物"，而拿破仑回答说："人们本来就是被玩物所左右。"

心理学家马斯洛认为，每个人都希望自己的能力和成就能得到社会的承认，这就是尊重的需要。它又可分为内部尊重和外部尊重。内部尊重是指一个人希望在各种不同情境中有实力、能胜任、充满信心、能独立自主。其实，内部尊重就是人的自尊。外部尊重是指一个人希望有地位、有威信，受到别人的尊重、信赖和高度评价。所以，当你让对方感觉到他非常重要，给了他充分的尊重后，他会感觉很舒适，从而更容易接纳你，从而帮助你实现你的目标。

在大选来临之前，英国政治家玛格丽特·撒切尔夫人所在的保守党面临着一个难题——如何制止颓势？撒切尔夫人的解决办法是令人信服的，她说："我们只有一个办法，走出去，到选民中去。这样才能最终获胜。"

保守党的工作人员认为，和撒切尔夫人在一起搞竞选实在太累了：因为她总是在大街上东奔西跑，走家串户。一会儿在这家坐会儿，同房东交谈；一会儿又同那个握握手，或向坐着扶手椅的人问长问短；一会儿又到商店询问价格。大部分时间，她带着秘书黛安娜跑来跑去。

午饭时，他们就到小酒店和新闻发言人罗伊·兰斯顿以及委员会的其他成员一起喝啤酒。然后，她又去参加集会演说，接见更多人。这样，撒切尔夫人身体力行地赢得了越来越多的拥护者，为竞选打下了坚实的群众基础。

撒切尔夫人为什么能在大选中获得最终的胜利？就是因为她敏锐地捕捉到了尊重他人的重要性，尤其是对选举至关重要又曾被人忽视的普通选民。撒切尔夫人对他人发自内心的尊重，为她赢得了民众的善意和支持。

因此，在交际过程中，我们必须时刻提醒自己：永远让对方感觉到他的重要性，这样他才会助你实现目标。

7.雪中送炭胜过锦上添花

人的一生不可能总是一帆风顺，难免会碰到失利受挫或面临困境的情况，这时候最需要的就是别人的帮助，这种雪中送炭般的帮助会让人记忆一生。

在三国争霸之前，周瑜并不得意。他曾在军阀袁术部下为官，被袁术任命做过一回小小的居巢长。

当时，地方上发生了饥荒，年成既坏，兵乱间又损失很多，粮食问题变得日渐严峻起来。居巢的百姓没有粮食吃，就吃树皮、草根，很多人被活活饿死，军队也饿得失去了战斗力。周瑜作为地方的父母官，

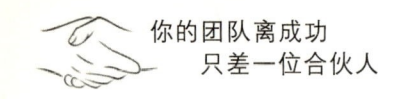

看到这悲惨情形急得心慌意乱,却不知如何是好。

这时,有人向他献计,说附近有个乐善好施的财主叫鲁肃,他家素来富裕,想必一定囤积了不少粮食,不如去向他借。于是,周瑜带上人马登门拜访鲁肃。寒暄完毕,周瑜就开门见山地说:"不瞒老兄,小弟此次造访,是想借点粮食。"

鲁肃一看周瑜丰神俊朗,显而易见是个才子,日后必成大器,顿时生出了爱才之心。他根本不在乎周瑜现在只是个小小的居巢长,哈哈大笑说:"此乃区区小事,我答应就是。"

鲁肃亲自带着周瑜去查看粮仓,这时鲁家存有两仓粮食,各三千斛,鲁肃痛快地说:"也别提什么借不借的,我把其中一仓送与你好了。"周瑜及其手下一听他如此慷慨大方,都愣住了。要知道,在如此饥荒之年,粮食就是生命啊!周瑜被鲁肃的言行深深感动,两人当下就结成了朋友。

后来,周瑜受到孙权的重用,当上了将军。周瑜牢记鲁肃的恩德,将他推荐给了孙权,鲁肃终于得到了干一番事业的机会。

鲁肃在周瑜最需要粮食的时候送给了他一仓粮食,这就是所谓的"雪中送炭"。

在生活中,很多人总是在别人不是很需要的时候拉他一把,却没想到,锦上添花远不如雪中送炭。当他人口干舌燥之时,你奉上一杯清水,这胜过九天甘露;大雨过后,天气放晴,你再送他人雨伞,又有什么意义呢?

晋代有一个人叫荀巨伯,有一次,他去探望卧病在床的朋友,而当时恰好敌军攻破城池,烧杀掳掠,百姓纷纷携妻挈子,四散逃难。朋友劝荀巨伯:"我病得很重,走不动,活不了几天了,你自己赶快逃

第九章 提升魅力,用专属优势吸引合伙人

命去吧!"

荀巨伯却不肯走,他说:"你把我看成什么人了,我远道赶来,就是为了来看你,现在,敌军进城,你又病着,我怎么能扔下你不管呢?"说着便转身给朋友熬药去了。

朋友百般苦求,叫他快走,荀巨伯却专心给他端药倒水,并安慰他说:"你就安心养病吧,不要管我,天塌下来我替你顶着!"这时,只听"砰"的一声,门被踢开了,几个凶神恶煞的士兵冲了进来,冲着他喝道:"你是什么人?如此大胆,全城人都跑光了,你为什么不跑?"

荀巨伯指着躺在床上的朋友说:"我的朋友病得很重,我不能丢下他独自逃命。请你们别惊吓了我的朋友,有事找我好了。即使要我替朋友而死,我也绝不皱眉头!"

听着荀巨伯的慷慨言语,看着荀巨伯的无畏态度,敌军士兵很是感动,说:"想不到这里的人如此高尚,怎么好意思侵害他们呢?走吧!"说着,敌军便撤走了。

患难时表现出的正义能产生如此巨大的威力,说来不能不令人惊叹。

人们总是可以敏感地觉察到自己的苦处,却对别人的痛处缺乏了解。他们不了解别人的需要,更不会花功夫去了解,有的甚至知道了也佯装不知。

饥饿时送一根萝卜和富贵时送一座金山,就其内心感受来说是完全不一样的,我们要做的不是在别人富有时送他一座金山,而是要在他落难时送他一杯水、一碗面、一盆火。只有雪中送炭才能显示出人性的伟大,才能显示出友谊的深厚。

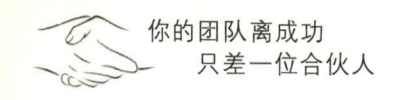

8.感情维护，重在平时下功夫

朋友关系的维护，重在平时下功夫。没事不联系，有事找上门，这是交往的大忌。"功利"二字在维系人际交往中至关重要，如何用"无功利"的方式打开"有功利"之门呢？聪明人的做法就是没事常联系。想赢得实惠，这算是最好的"创利"方式了。

孙波的人缘很不错，大家都乐于与他交往。工作了3年，他结识了许多朋友，有刚上班的毕业生，还有职场上的老手，也有些混得不错的小老板。孙波的同学于涛，同样工作了3年，身边却只有几个熟人，他对此感到很是郁闷。

一次，于涛去找孙波，向他讨教交际经验。两人到一家小饭馆，边吃边聊。于涛说："我很纳闷，你怎么认识那么多人，还交往得挺不错？我目前认识的还是那几个老熟人，始终没进展。"孙波很轻松地说："其实与人交往很简单，没事常联系就行了。"

"平常工作忙得很，哪有时间联系呀？"

"睡觉前几分钟发个短信可以吧？休息日抽空看望一下可以吧？赶上节日问候一下可以吧？对方失业了，慰问一下可以吧？朋友升职了，祝贺一下可以吧？同事、同学过生日，没空去不要紧，打个电话祝福一下可以吧……"于涛这才明白过来，原来平常的一些细节对交往竟有这么大的促进作用。

孙波接着说："还有一条是最重要的，不要带着功利心与人交往。没事情常联系，有事情也不要轻易麻烦朋友，自己能做的就不要依赖别人。动不动就麻烦朋友，朋友会怎么看你？"

"有道理！"于涛恍然大悟。他以前很少主动与朋友联系，时间一长，彼此的关系就疏远了。等疏远以后再联系，总觉得找不到共同话题，这样就很难交流。听了孙波的开解后，于涛下决心今后一定要与朋友常联系。

"人非草木，孰能无情"，感情投资可以说是收益最大的投资。情与情的交流，心与心的碰撞，让彼此的友谊加深，等到自己需要帮助的时候，定会有很多朋友愿意站出来对你鼎力相助。

中国的社会，从某种程度上讲，就是一个人情社会。每个人从小都必须懂得人情世故，这其实就是一种感情投资，如果不懂，便很难在社会上立足。

蒋超与人交往就很有目的性。他觉得朋友就是用来利用的，否则就没有交往的必要。

一次，朋友为他介绍了一位公司的经理，蒋超很兴奋，主动让朋友约那位经理一起吃饭，当然是蒋超埋单。朋友也没拒绝，随后几个人到饭店喝得酩酊大醉。蒋超握着那位经理的手说："以后有什么事情，还请您多多关照……"这位经理也随声应和着。

事后，蒋超就将对方忘了。不到半年，蒋超工作出了问题，上司要将他调到别的部门，蒋超不愿去，就想辞职。但他怕工作不好找，就打算先找工作，等工作找到后再提出辞职。

然而，他向许多朋友打听了，各家单位都不缺人，有的还忙着裁员。最后，蒋超想起了半年前认识的那位经理，他想，那位朋友既然是经理，应该有点实权，如果托他帮忙，说不定会有希望。于是，蒋超翻箱倒柜，最后终于在床头柜的抽屉里找到了那位经理的名片。他打

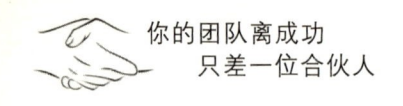

电话向经理求助，经理却被弄得一头雾水。

蒋超说他与朋友阿杰陪经理吃过饭，如今想向他谋份工作。经理说要看看公司的情况。经理放下电话怒气就上来了，心想：还有这种人？平时连个电话都不打，这会儿突然要我为他找工作，哪有这等好事？其实，要不是蒋超提起阿杰，这位经理早就想不起蒋超了。

到头来，蒋超的工作也没落实，朋友阿杰还打来电话责备他："你怎么如此莽撞地找那位经理办事呢？连我都被他责怪了。工作的事你自己看着办吧！"蒋超碰了一鼻子灰，只能待在原来的单位。

如果前期蒋超与那位经理经常联系，逐渐加深自己在经理心中的印象，时机成熟后再说工作的事，也不至于一下子就把关系弄僵。

朋友关系需要在平时精心维护。我们在交往中要培养一种习惯：没事的时候与朋友保持联络。如果平时连一声问候也没有，有事才找出尘封已久的名片，向他人求助，这是纯粹的功利交际。抱着这样的想法去与人交往，注定要失败，因为谁也不想被人利用。

至于朋友间的感情投资，则一定要有选择性。志趣相同的朋友，可遇而不可求，一旦相遇，投资必多。

德国大诗人歌德和席勒之间的友谊备受世人羡慕。尽管他们的人生经历和为人性格大不相同，但感情间的共鸣却把他们紧紧地连在了一起。在长达10年的时间里，他们一起写诗，共同完成了传世之作。

伟大的马克思和恩格斯之间的友谊更是被誉为"最伟大的友谊"，而共同的革命事业就是他们友谊的纽带。他们感情的投资是为了崇高的理想，这无疑是最高境界。

对朋友进行感情投资在商场中的作用最是明显，正因为商场是一个唯利是图的世界，所以商人最需要的恰恰不是金钱，而是极为稀缺的

第九章 提升魅力，用专属优势吸引合伙人

情谊，它不仅能让商人赢得财富，更能帮商人赢得朋友！

"船王"包玉刚是从航运起家的。他刚开始从事航运的时候，非常重视感情投资。1955年，他低价收购了一艘英国旧货船，将其改名为"金安号"，租给日本一家船舶公司获取租金。不久，由于航运业的迅猛发展，租金的行情也看涨。这时，很多船主见有利可图，便纷纷抬高租金，变"长租"为"短租"，趁势"宰客"。唯有包玉刚反其道而行之，他不仅依旧按相对低廉的价格收取租金，还与客户签订了长期合同。在包玉刚看来，客户既是合作伙伴，更是朋友，绝不能贪利忘义，置朋友于困苦之中。

包玉刚对客户的感情投资换来了客户的信赖，得到了丰厚的回报。一年以后，航运业陷入低迷，租金行情大跌，原来"宰客"的船主纷纷破产，只有包玉刚坐收厚利，还赢得了诚信的好名声，他的客户也越来越多。在短短的两年时间里，靠着一艘"金安号"，他赚回了7艘船。这时，财力雄厚的日商也为包玉刚的诚信所动，主动要求包租他的船。包玉刚的感情投入就这样奇迹般地产生了连锁反应。

深受中国儒家"重义轻利"传统思想熏陶的日商，在经商中很看重"义"字。所以，与日商合作时，包玉刚更加注重感情投资。

除租船给日商，包玉刚还看好日本的造船技术和人力。在包玉刚决定造船时，航运业再次陷入低迷，不少订户开始退单，造船厂面临倒闭的危险，只有包玉刚在照样信守合同的同时，还增订了6艘船，令日商感激涕零，称他为"最高贵的主顾"。与上次相同，当航运业再次复苏，原来退单的订户这次纷纷被造船厂退单，而包玉刚订的船非但没有减少，还在增加。

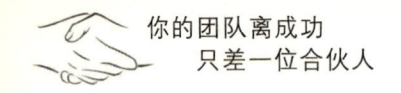

包玉刚堪称感情投资的高手,他从来不把客户当作必须战胜的敌人,而是看成可以共同携手的朋友,这也就难怪他能在短时间内获得如此巨大的成就了。

事实证明,感情投资可以为一个人带来丰厚的回报。所以,对朋友的感情投资在商场上是很有必要的,也是必需的。